김승룡

고려대학교 국어국문학과 및 동 대학원을 졸업했다. 현재 부산대학교 한문학과 교수로 있다. 근래 한문고전을 건조하게 읽는 독법을 넘고자 치유의 흔적을 찾고 있다. 그래서 고려나 조선의 한문산문 속 인물의 마음읽기를 시도했던 흔적을 모아 『옛글에서 다시 찾은 사람의 향기』를 집필했고, 사람이 태어나면서 갖는 낯섦에서 따스함까지 열두 가지 감정을 나누고 그에 기반해 한시를 읽어내려는 독법을 시도하여 K-MOOC 「한시공감」을 제작하여 공개했으며, 다양한 제학문 전문가와의 접속을 통하여 시민들 각자가 지닌 인격적 성장을 도모하고 있는 『시민의 인성』 집필 작업에 계속 참여하고 있다. 아울러 대학을 넘어 공공도서관 등에서 공자나 묵자가 가진 고민을 읽거나, 『사기열전』 속 백이나 오자서의 인간적 고뇌를 따라가며, 더러 두보나 이백 혹은 정몽주나 김택영 등의 시 속 감정에 같이 울어주고 있으며, 청춘들의 목소리를 담아서 시를 통한 테라피를 시도한 『청춘문답』을 세상에 내놓기도 했다. 그는 이들의 목소리가 그들에게 치유의 길이었다고 생각하며, 최근 이를 '고전치유학'이란 이름으로 학술적 모색을 꾀하고 있다.

치유인문컬렉션

——

09

고전치유학을 위하여

Collectio Humanitatis pro Sanatione IX

ars

미다스북스

치유인문컬렉션 도서 목록

* 콜렉티오 후마니타티스 프로 사나티오네(Collectio Humanitatis pro Sanatione)는 라틴어로 치유인문컬렉션이라는 뜻입니다. 세상의 상처를 치유하기 위해서는 인간이 만들어낸 모든 학문이 동원되어야 한다는 생각에서 출발합니다.

고전도 시간이나 공간에 주는 권위에 눌리지 않고,
고전과 나의 마음을 맞춰야 그 마음이 통한다.

적어도 고전을 나의 삶에 의미 있는 대상으로 생각하는 사람에게
고전치유학은 그 실마리를 제공할 것으로 생각한다.

'고전치유학(古典治癒學)',
세상에 이런 학문은 없다.
나의 바람을 담아 지은 서명이다.

고전으로부터 지금의 상처를 치유하거나
위로를 구할 자료를 끌어내는 것은 지극히 온당한 일이다.

차후 나의 학문이 더 세상의 아픔을 직시하고 세상을 위로하며,
나아가 세상과 건강하게 만날 수 있기를
다짐하기 위해서라고 읽어주면 좋겠다.

이제 실낱같은 희망을 갖고
고전을 마주하기 시작한 치기어린 도전을 시작해 본다.

여러분의 삶이 고전으로 더욱 풍성해지고,
더욱 위로받으며, 더욱 평화롭기를 기원해 본다.

목차

존재와 치유, 그리고 인문

존재

"나는 생각한다, 그러므로 존재한다."

어느 이름난 철학자가 제시한 명제다. 생각으로부터 존재하는 이유를 찾는다는 뜻이다. 나름 그럴듯한 말이지만 결국 이 말도 특정한 시기, 특정한 공간에서만 적절한 명제이지 않을까? 물론 지금도 그때의 연장이요, 이곳도 그 장소로부터 그리 멀지 않다는 점에서 그 말의 효능은 여전하다고 하겠다. 다만 존재 이전에 생각으로 존재를 규정하는 것이 가끔은 폭력이라는 생각도 든다. 나는 이렇게 실제 존재하고 있는데, 존재를 증명하기 위해 합리적이고 논리적인 설득을 선결해야 한다. 만일 존재를 설득해내지 못하면 나의 존재는 섬망(譫妄)에 불과할지도 모르다니! 그래서 나는 이 말의 논리가 조금 수정될 필요가 있다고 생각한다.

"나는 존재한다. 그러므로 존재한다."

존재 그 자체가 존재의 이유인 것이다. 누가 호명해주지 않아도 존재하는 모든 것은 나름의 이유가 있고, 존중받을 가치를 지니고 있다. 존재는 그 자체로 완전하며 누군가의 판단 대상이 아니다. 비교를 통해 우열의 대상이 되어도 안되고, 과부족(過不足)으로 초과니 결손으로 판단되어도 안된다. 또한 사람이든 동물이든, 식물이든, 벌레든 외형이 어떤가에 상관없이 세상에 나오는 그 순간부터 존재는 이뤄지고 완성되며 온전해진다. 존재는 태어나고 자라고 병들고 죽는다. 이 자체는 보편진리로되, 순간마다 선택할 문은 늘 존재한다. 그 문도 하나가 닫히면 다른 문이 열리니, 결국 문은 열려 있는 셈이다. 그 문을 지나 길을 걷다 보면 어느새 하나의 존재가 된다. 어쩌면 순간순간 선택할 때는 몰랐지만, 이것이 그의 운명이요, 존재의 결과일지도 모를 일이다. 그런 점에서 그의 선택은 그에게 가장 알맞은 것이었다. 존재는 그 자체로 아름답다.

치유

그런 점에서 치유라는 개념은 소중하다. 치유는 주체의

존재에 대한 긍정을 바탕으로 자신을 스스로 조절해가는 자정 능력을 표현한다. 외부의 권위나 권력에 기대기보다는 원력(原力, 원래 가지고 있던 힘)에 의거해 현존이 지닌 결여나 상처나 과잉이나 숨가쁨을 보완하고 위로하며 절감하고 토닥여주는 것이다. 원력의 상황에 따라서 멈추거나 후퇴하거나 전진을 단방(單方)으로 제시하며, 나아가 근본적인 개선과 전변, 그리고 생성까지 전망한다. 간혹 '치유는 임시방편에 지나지 않은가' 하는 혐의를 부여하기도 한다. 맞는 지적이다. 심장에 병이 생겨 수술이 급한 사람에게 건네는 위로의 말은 정신적 안정을 부여할 뿐, 심장병을 없애지는 못한다. 그러나 병증의 치료에 근원적인 힘은 치료 가능에 대한 환자의 신뢰와 낫겠다는 의지에 있음을 많은 의료 기적들은 증언해주고 있다. 어쩌면 우리는 이 지점을 노리는지도 모르겠다.

구름에 덮인 산자락을 가만히 응시하는 산사람의 마음은 구름이 걷히고 나면 아름다운 산이 위용을 드러내리라는 믿음을 바탕으로 한다. 내보이지 않을 듯이 꼭꼭 감춘 마음을 드러나게 만드는 것은 관계에 대한 은근한 끈기와 상대에 대한 진심이 아니던가! 치유는 상처받은 이(그것이 자신이든 타인이든)에 대한 진심과 인내와 신뢰를 보내는 지극히 인간적인 행위이다. 마치 세상의 모든 소리를 듣고 보겠다는 관세음보살의 자비로운 눈빛과 모든 이의 아픔을 보듬겠다며 두 팔을 수줍게 내려 안는 성모마리아의 자애로운 손짓과도 같다. 이쯤 되면 마치 신앙의 차원으로 신화(神化)되는 듯하여 못내 두려워지기도 한다. 그러나 치유의 본질이 그러한 것을 어쩌겠는가!

인문

우리는 다양한 학문에서 진행된 고민을 통해 치유를 시도하고자 한다. 흔히 인문 운운할 경우, 많은 경우 문학이나 역사나 철학 등등과 같은 특정 학문에 기대곤 한다. 이는 일부는 맞고 일부는 그렇지 않다. 세상은 크게 세 가지로 구성되어 있다. 여러분이 한번 허리를 곧게 세우고 서 보라. 위로는 하늘이 펼쳐져 있고, 아래로 땅이 떠받치고 있다. 그 사이에 '나'가 있다.

고개를 들어본 하늘은 해와 달이, 별들로 이뤄진 은하수가 시절마다 옮겨가며 아름답게 수놓고 있다. 이것을 하늘의 무늬, 천문(天文)이라고 부른다. 내가 딛고 선 땅은 산으로 오르락, 계곡으로 내리락, 물으로 탄탄하게, 바다나 강으로 출렁이며, 더러는 울창한 숲으로, 더러는 황막한 모래펄로 굴곡진 아름다움을 이루고 있다. 이것을 땅의 무늬, 지문(地文)이라고 부른다. 그들 사이에 '나'는 그

수만큼이나 다양한 말과 생각과 행위로 온갖 무늬를 이 뤄내고 있다. 이것을 사람의 무늬, 인문(人文)으로 부른다.

인문은 인간이 만들어내는 모든 것을 가리킨다. 그 안에 시간의 역사나 사유의 결을 추적하는 이성도, 정서적 공감에 의지하여 문자든 소리든 몸짓으로 표현하는 문학 예술도, 주거 공간이 갖는 미적 디자인이나 건축도, 인간의 몸에 대한 유기적 이해나 공학적 접근도, 하다못해 기계나 디지털과 인간을 결합하려는 모색도 있다. 이렇게 인문을 정의하는 순간, 인간의 삶과 관련한 모든 노력을 진지하게 살필 수 있는 마음이 열린다. 다만 이 노력은 인간이 지닌 사람다움을 표현하고 찾아주며 실천한다는 전제하에서만 인문으로 인정될 수 있다. 이제 천지와 같이 세상의 창조와 진퇴에 참육(參毓)하는 나를, 있는 그대로 바라볼 때가 되었다.

餘滴

어데선가 조그마한 풀씨 하나가 날아왔다. 이름 모를 풀씨가 바윗그늘 아래 앉자 흙바람이 불었고, 곧 비가 내렸다. 제법 단단해진 흙이 햇빛을 받더니, 그 안에서 싹이 올라왔다. 그런데 싹이 나오는 듯 마는 듯하더니 어느새 작은 꽃을 피웠다. 다음 날, 다시 풀씨 하나가 어데선가 오더니만 그 곁에 앉았다. 이놈도 먼저 온 놈과 마찬가지로 싹을 틔우고 꽃을 피웠다. 그런데 이게 웬일인가! 그 주위로 이름 모를 풀씨들은 계속 날아와 앉더니 꽃을 피워댔다. 이들은 노란빛으로, 분홍빛으로, 보랏빛으로, 하얀빛으로, 혹은 흙색으로 혹은 알록달록하게 제빛을 갖추었다. 꽃 하나하나는 여려서 부러질 듯했는데, 밭을 이루자 뜻밖에 아름다운 꽃다지로 변했다. 생각지도 못한 일이었다!

이 컬렉션은 이름 모를 풀꽃들의 테피스트리다. 우리는 처음부터 정교하게 의도하지 않았다. 아주 우연히 시작되었고 진정 일이 흘러가는 대로 두었다. 필자가 쓰고 싶은 대로 쓰도록 했고, 주고 싶을 때 주도록 내버려 두었다. 글은 단숨에 읽을 분량만 제시했을 뿐, 그 어떤 원고 규정도 두지 않았다. 자유롭게 초원을 뛰어다닌 소가 만든 우유로 마음 착한 송아지를 만들어내듯이, 편안하게 쓰인 글이 읽는 이의 마음을 편안하게 할 것이라는 믿음 때문이었다. 우리는 읽는 이들이 이것을 통해 자신을 진지하게 성찰하고 새롭게 각성하기를 원하지 않는다. 그저 공감하며 고개를 주억거리면 그뿐이다. 읽는 분들이여, 읽다가 지루하면 책을 덮으시라. 하나의 도트는 점박이를 만들지만, 점박이 101마리는 멋진 달마시안의 세계를 만들 것이다. 우리는 그때까지 길을 걸어가려 한다. 같이 길을 가는 도반이 되어주시는 그 참마음에 느꺼운 인사를 드린다. 참, 고맙다!

2024년 입추를 지난 어느 날

치유인문컬렉션 기획위원회 드림

여는 말

'고전치유학(古典治癒學)', 세상에 이런 학문은 없다. 나의 바람을 담아 지은 서명이다. 언젠가부터 마음 한구석에 자리 잡은 화두가 있다. 고전과 치유! 과연 이 둘은 하나로 묶어서 불릴 수 있을까? 사실 과연 가능할까 하는 의문만이 그릇 한가득이었다. 그럼에도 혹시 가능하지 않을까 하는 마음 한 꼬집을 담아서, 이렇게 호명한 이유는 이렇다. 오랫동안 고전을 공부해 왔지만 자기만족을 위한 공부였을 뿐, 세상에 보탬이 되지 못했다는 자괴감 때문이다.

가수는 노래로 세상을 감동시키고, 화가는 그림으로 세상과 소통하며, 무용가는 아름다운 몸짓으로 세상의 눈을 사로잡는다. 그런데 나는 무엇으로 세상과 만나고 있었던가? 어영부영 한문 고전을 공부한 지 조만간 마흔 해에 가까워진다. 무려 이 정도의 공력이면 운기(運氣)하여 장풍도 쏟아낼 것이지만, 한심하게도 나는 여전히 자전을 뒤지고 한문을 더듬대며 뜻을 헤아리고 있을 뿐이다. 아! 이를 어쩔까나.

이 책은 갈지자를 횡보하며 그때마다 생각났던 주제를 갖고 써댔던 원고를 하나로 엮은 데에 불과하다. 이론도 아니요, 학술도 아니며, 그렇다고 교양도 일천하다. 그럼에도 나는 이 책을 세상에 내보내려고 한다. 학문은 세상과 소통할 때 건강해진다고 믿기 때문이다. 나는 그동안 고전을 공부하면서 골동적 취미에 머물렀음에 반성한다. 학문적 실천과 자연인으로서의 삶이 유리되었던 점도 성찰한다. '고전치유학'이라는 또 하나의 폐쇄적 학문 분야를 개척하려는 의도는 없다. 차후 나의 학문이 더 세상의 아픔을 직시하고 세상을 위로하며, 나아가 세상과 건강하게 만날 수 있기를 다짐하기 위해서라고 읽어주면 좋겠다.

이 책에는 모두 다섯 편의 글이 수록되어 있다. 그러나 이 글들은 목차의 순서대로 쓰이진 않았다. 또한 어떤 글은 학술지에 수록되었지만 어떤 글은 교양서에 실렸었고, 어떤 글은 간행된 적이 없다. 글감에 공자도 있고, 묵자도 있고, 김택영도 있고, 정몽주도 있으며, 청춘들과 나눈 문답도 있다. 도통 하나로 엮을 수 없을 정도로 난삽하다. 그런데 그 사막 같은 나의 생각 사이를 흘러간 강물이 남기고 간 자국이 있었다. 비록 또렷하진 않아도 고전의 주인공 마음을 읽고, 그 과정에서 나 자신의 마음도 읽고, 나아가 고전과 내가 하나가 될 수 있는 가능성을 하나씩 찾아가고 있었던 것이다. 그래서 독자들은 손에 잡히는 대로 읽고 싶은 부분부터 읽어도 좋다. 특히 제5장은 내가 청춘들과 같이 집필했던 『청춘문답』의 내용을 일부 절록하여 가져왔음을 밝히지 않을 수 없다. 이 경험은 고전치유가 가능하구나 하는 실감을 주었던 경험이 녹아있다. 혹시 여유가 되시면 그 책을 한번 읽어보시길 권한다.

술을 마실 때면 굳이 잔을 든 자신의 눈을 맞춰달라는 친구가 있었다. 처음엔 낯설었다. 그런데 다시 생각해 보니, 술을 먹는 것은 상대와의 마음을 같은 수위로 맞추는 작업이다. 갑을 관계나 상하 속에서 마음 통하는 음주는 어렵지 않을까? 마찬가지로 고전도 시간이나 공간에 주는 권위에 눌리지 않고, 고전과 나의 마음을 맞춰야 그 마음이 통한다. 적어도 고전을 나의 삶에 의미 있는 대상으로 생각하는 사람에게 고전치유학은 그 실마리를 제공할 것으로 생각한다. 여러분의 삶이 고전으로 더욱 풍성해지고,

더욱 위로받으며, 더욱 평화롭기를 기원해 본다.

2024년 폭염과 폭우 사이, 선학재에서

1장

___

고전치유학을 위하여

우리 주위를 떠도는 귀신들이 있다. 고전과 인문이다. 나는 수년 전 학교 측의 과제에 응모해 고전과 전통과학을 결합한 융합 과목을 야심차게 준비했다. 여러 전공의 교수들과 수개월을 준비해 개설했지만, 최초 수강신청 학생은 다섯 명, 그마저도 최종 수강을 확정한 학생이 두 명으로 줄더니 끝내 폐강되고 말았다. 폐강 소식을 전화로 알려주는 조교의 목소리에 미안한 마음이 묻어 있었다. 본인 탓도 아닌데 말이다. 아마 의욕적으로 추진했던 내 모습을 옆에서 지켜보았기에 다소 안쓰러웠던 모양이다. 이 과목은 의무적으로 2년은 개설해야 하기에 다시 개설해야 한다. 폐강되지 않으려면, 과목명이라도 멋지게 고치면 될까 하고 생각하는데, 옳은 생각인지 모르겠다. 여하간 요령부득이다.

1.

공자의 불온(不慍)

_정성껏 살았건만, 아무도 나를 알아주지 않을 때

아쉽게도 인문학자의 진지한 강의는 그리 환영받지 못한다. 오직 '흥미'롭고 '재미'있으면서도 지적 만족을 줄 수 있어야 강의할 기회가 주어진다. 처음엔 교수의 명망을 듣고 불렀지만 청중의 반응이 신통치 않아 후속 강의 의뢰가 끊겼다는 소식은 주위에서 자주 듣는 이야기다. 고전과 인문은 언제부터인가 존재하지만 보이지 않는 존재, 즉 귀신이 되었다. 진정 이를 사실로 믿어야 할 것인가? 혹자의 가짜뉴스로 치부하고 싶지만 그럴 수 없다는 사실이 우리를 슬프게 만든다. 그런데 가만 생각해 보면 그리 슬픈 일도 아니다. 예부터 고전으로 불리는 책의 저자는 늘 비주류였고, 소수자였다. 하다못해 공자를 생각해 보라. 그가 살아있을 때 인문학자로 교육자로서 정치가로 저술가로 불린 적이 있었던가? 과연 세상은 그를 인정했을까?

"다른 사람이 알아주지 않아도 서운해 하지 않으면 또한 군자가 아니겠는가?(人不知而不慍, 不亦君子乎?)"

— 『논어(論語)』「학이(學而)」

공자의 말이다. 사람들은 나 아닌 존재에 대해 인정하길 그리 좋아하지 않는다. 특히, 식자연하는 사람들은 더욱 그러하다. 오죽했으면 조비(曹丕)는 '문인상경(文人相輕)'이라고 했을까? 글을 아는 사람들은 서로 가볍게 여긴다는 뜻이다. 공자는 세상이 알아주지 않았다. 자신의 조국인 노나라에서도 그랬다. 결국 노나라 귀족들의 견제로 인해 조국을 떠나 떠돌게 되었다. 무려 최측근 제자 70여 명을 거느린 채 열국을 다니면서 자신의 사상과 학술을 알리면서 그들에게 수용될 수 있기를 바랐다. 그러나 아쉽게도 그의 노력은 별다른 성과를 보지 못했다. 아무도 그의 생각을 자신의 정치에 활용하려고 하지 않았다. 부국강병을 이루기 위해 필요한 것, 즉 인간에 대한 근본적인 사랑을 말했지만 열국의 군주들은 병법 운용을 통해 자신의 나라가 강성해지기를 원할 뿐이었다. 아무도 알아주지 않는 상황! 공자는 허탈했고 좌절했다. 군주들은 간혹 공자 자신의 제자를 추천하라고 했고, 그들을 등용하려 했다. 이것은 스승으로서는 기쁜 일이었다. 그러나 공자의 마음은 썩 편안하지 않았던 듯하다. 여하간 자신의 뜻을 온전히 펼 수 없는 상황, 막다른 골목에 다다른 듯한 처지, 이 순간을 넘어서기 위해 공자가 취한 마음의 전략은 '불온(不慍)'이었다. 서운해하지 않는 것, 사실 이는 쉽지 않은 일이다.

우리는 흔히 이 구절을 '군자(君子)'를 위한 정신적 전제로 읽곤 한다. '군자'는 공자가 꿈꾸었던 이상적 지식인이요, 제자들에게 요구했던 지식인의 모델이었다. 지식인은 전문적인 식견과 지식을 갖추고 세상의 변화와 문제에 적극적으로 응변(應變)하는 사람으로서, 군자가 될 수도 있고 소인이 될 수도 있다. 즉 군자적 지식인이 되거나 소인적 지식인이 되는 것이다. 공자는 이 가운데 군자적 지식인이 되기 위한 전제로 '인부지이불온(人不知而不慍)'을 제시했던 것이다.

그러나 나는 이것을 '인부지(人不知)'의 상황에 대한 공자의 마음치유로 이해하고자 한다. 지식인에게는 아무도 알아주지 않는 것, 내가 갖고 있는 능력과 비전에 대해 다른 사람들이 주목하지 않는 것은 참으로 견디기 어려운 일이다. 간혹 모욕을 느낄 정도로 자존감은 추락하기도 한다. 본래 지식인은 현실에서 승리하지 못하는 법, 그래서 혹자는 지식인의 얼굴은 창백하다고 하지 않았던

가. 공자는 그런 아픈 상황을 슬기롭게 극복했다. 누구나 '노(怒)'할 만한 상황이었지만, 그는 그러지 않았다. 아니 밖으로 성내기는커녕 안으로도 성난 마음을 품지 않았다. 그것이 '불온(不愠)'이다. 이 마음의 전략은 「학이」편 말미에 재차 반복된다.

> "다른 사람이 나를 알아주지 않는다고 아파하지 말고, 내가 다른 사람을 알아주지 못하는 것을 아파하라(不患人之不己知, 患不知人也)"
>
> —『논어』「학이」

내가 다른 사람을 알아주지 않음을 걱정하고 조심해야 할 것이요, 다른 사람이 나를 알아주지 않음에 대해 굳이 걱정할 것은 아니라고 했다. '환(患)'은 단순한 걱정거리가 아니라 일종의 병증이다. 공자는 '인부지(人不知)'를 아파하는 것이 이미 병적 증세임을 알고 있었다. 그래서 이를 치유하기 위한 전략을 수립했던 것이다. '지(知)'와 '부지(不知)'는 사람에게 병적으로 느껴질 정도로 심각하고 치명적인 상황이다. 지금도 그러하다. 자신을 무시한다 하여 저질러지는 범죄를 떠올려보라! 이렇게 고전 속 마음들은 지금 이곳 사람의 마음을 위무하기도, 치유하기도, 동조하기도, 비판하기도 할 수 있다.

고전은 그것이 지금의 현실에도 적합(適合)할 때, 적용(適用)될 때, 적중(適中)할 때 귀신을 벗어던질 수 있다고 생각한다. 곧 유계(幽界)에서 명계(明界)로, 전설에서 현실로 돌아올 수 있다. 옛것이고 이름난 저자의 집필이라고 해서, 무조건 지금 고전으로 불릴 수는 없다. 고전에 대한 평가는 역사적으로 상대적이었다. 고전 목록의 도서가 시간과 공간에 따라 끊임없이 다시 작성되면서 읽히는 것을 보면 그러하다. 이 고전으로부터 치유의 자산을 추출하는 것은 뜻하지 않게 불편하고 아픈 상황에서 어찌할 줄 모르는 사람들이 취할 수 있는 효과적인 전략이라고 할 수 있다. 우리가 지금의 문제를 해결하기 위해서 기댈 곳은 예전의 경험밖에 없지 않겠는가. 그 경험의 축적이 고스란히 남겨지고 적전(積澱)된 결과가 바로 고전이다. 그래서 고전은 상대적이다.

오랫동안 고전의 위치에 있는 텍스트들은 그만큼 장구(長久)하고 지속적인 해결의 아이디어를 제공해 왔다. 묵자는 성인(聖人)이란 천하의 난리를 다스리는 것을 일삼는 사람으로, 비유하자면 병을 고치는 의사와 같다고 했다. 그래서 의사처럼 천하가 어지러워진 원인을 찾아내 치료해야 한다고 했다. 그것이 도덕적이든 실용적이든 정치적이든 경제적이든 문화적이든 그 범위에 대해 제한을 두진 않았다. 나는 이를 원용해 이렇게 말하고 싶다. 고전이란, 세상 사람들의 어려운 상황을 해결하기 위해 존재하는 텍스트로서, 비유하자면 사람의 병증을 치유하는 처방과 같다. 그래서 고전으로부터 지금의 상처를 치유하거나 위로를 구할 자료를 끌어내는 것은 지극히 온당한 일이다.

2.

굴원의 가이탁(可以濯)

_원칙을 세우고, 그것을 정직하게 지켰건만 끝내 낭패를 당했을 때

굴원(屈原)은 어깨를 늘어뜨린 채 상수(湘水) 가를 떠돌고 있다. 참으로 어처구니없는 일이었다. 충언을 그토록 진심을 다해 바쳤건만 끝내 돌아온 것이 냉대와 추방이라니! 한때 군주는 자신을 충신으로 인정해 주고 국사 대부분을 의논했다. 그때마다 직언을 다했고, 그것이 나라를 더욱 건강하게 만들리라고 믿었다. 그러나 상황이 변했다. 말하는 것마다 오해를 낳았고 군주는 짜증을 냈다. 충심을 다했던 굴원은 좌절했다.

"창랑의 물빛이 맑구나, 내 갓끈을 씻을 수 있네. 창랑의 물빛이 흐리구나, 내 발을 씻을 수 있어라(滄浪之水淸兮, 可以濯吾纓. 滄浪之水濁兮, 可以濯吾足)"

　　　　　　　　　　　　　　　－「고문진보(古文眞寶)」「어부사(漁父辭)」

굴원은 물을 보고 있다. 맑게 흐르는 물에 얼굴이 하나

보인다. 그 얼굴도 굴원을 쳐다본다. 순간, 굴원은 물에 비친 얼굴이 너무 파리하고 여위었음에 소스라치게 놀랐다. 생각해 본 적도 없는 얼굴이었다. 잠시 고요한 물은 거울이었다. 바로 수경(水鏡)! 거기에 비친 모습에 놀란 굴원! 삶은 뜻대로 되지 않는다고 했지만, 그 삶의 무게가 이렇게 나를 바꿔놓았을 줄이야. 흔히 사람들은 나이가 들수록 에고가 강해진다고 말한다. 외부의 처우가 냉랭해질수록 자신의 내면을 향한 욕망은 더욱 커지고, 이는 에고의 밀도를 집적시켜서 끝내 완고한 사람으로 만들어 버리곤 한다.

때마침 강으로 나왔던 어부가 굴원을 보고는 물었다. 일찍이 훌륭한 집안의 자손으로서 나라의 중책을 맡았던 사람이 어찌해 이렇게 초라한 처지에 놓였느냐고. 굴원은 자신이 살아온 삶이 얼마나 정의롭고 정직했는지를 말해주며 군주의 부당한 처사에 대해 불만을 토로했다. 절절하게 털어놓는 말들을 다 듣고 난 어부는 빙그레 웃었다. 그의 마음을 이해한 것이다. 어부는 굴원이 맑게 살았노라고 했지만, 그 이면에 그가 세상과 어울리지 못하는 결백증 같은 모습을 보았다. 또한, 늘 깨어 있었다는 굴원의 자신에 찬 말을 듣고는, 지독히도 각성(覺醒)에 강박되어 있는 편집증적 그림자도 보았다. 하나의 원칙을 정하고 그와 어울리지 않는 것은 모두 배척하며 자신만의 고고함을 강조하는 것, 사실 그는 고립을 자초했던 것이다. 나 아닌 다른 사람들의 존재를 취자(醉者)로 치부하는 것, 이 또한 독불장군으로 상대를 배제하는 핑계였다. 비록 비유의 표현이기에 액면 그대로 이해해서는 곤란하겠지만 그럼에도 굴원이 가진 강박증은 남다른 것이었다. 굴원은 자신이 고기밥이 되더라도 세상의 더러움을 뒤집어쓸 순 없다고 했다. 견결한 의지의 표현이지만, 그 아래엔 세상과 등지는 것도 감수할 정도의 삶의 포기가 숨어 있다. 죽겠다, 목숨을 건다, 헌신한다는 말은 참으로 무섭다. 항용 사명감을 불러일으키기 위해 곧잘 하는 말이지만, 진정 자신의 생명을 포기하면서까지 지켜야할 것은 무엇이 있을까? 가끔은 사명감 운운하는 이들의 삶을 살펴보라. 많은 경우 구두선(口頭禪)이나 슬로건에 지나지 않을 뿐이다. 참으로 정의를 위해 목숨을 버린 사람들은 조용하게 세상의 불의에 투쟁하며 지나갔다. 매주 수요일이면 일본대사관 앞에서 집회를 여는 위안부 할머니들의 조용한 모습을 보라. 국회에서 사수를 외치며 요란하게 내지르는 샤우팅과는 격이 다르지 않은가!

굴원의 목소리는 차분하지 않았다. 반어적이고도 당위적으로 반복되는 목소리에는 다소 지쳐 있기는 해도 분노가 섞여 있었다. 이때 어부가 건넨 말이 바로 창랑수 운운이었다. 강물이 맑으면 갓끈을 씻으면 되고, 강물이 흐리면 발을 씻으면 된다고 했다. 갓끈과 발은 가치 차원에서 특별히 위아래가 있지는 않다. 흰 빨래는 희게 하고, 검은 빨래는 검게 하는데, 흰 빨래를 하고 난 물에 검은 빨래를 하는 것이 순리다. 맑으면 맑은 대로, 흐리면 흐린 대로, 그에 맞추어 지내고 살아가면 될 일이다. 반드시 맑은 물에는 갓끈만 씻고 발을 씻어서는 안 될 일은 아니다. 흐린 물도 마찬가지다.

　어부는 굴원의 또 다른 자아였다. 생각건대, 굴원은 자신이 살아온 길을 후회하진 않았지만 무척 아쉬워했던 듯하다. 너무 고집스레 하나의 원칙에 매여 있었던 자신을 반성하고 있었던 것이다. 제행림지(霽行霖止), 곧 장맛비가 내리면 걸음을 멈추고 날이 개면 다시 길을 가는 법이다. 모든 일은 때가 있다. 굴원이 간언을 올렸던 군주의 마음이 변했거늘, 예전대로 자신의 주장을 재차 반복하며 압박하니 군주가 좋아할 리 없었다. 군주와 굴원의 틈새를 파고든 이들이 있다. 언제나 적은 주위에 있었다. 자신들을 드러낼 공간만 엿보고 있던 이들에게 굴원은 끝내 참함(讒陷)을 당했고, 속절없이 상강(湘江) 가로 내몰려져 죽음의 언저리를 배회할 뿐이었다.

어부는 굴원의 죽음을 알았을까? 아마도 알았을 듯하다. 굴원처럼 살아온 사람들은 자신이 지나온 길을 부정할 수 없다. 부정하는 순간, 자신의 인생을 부정하게 될 것이기 때문이다. 스스로 죽을 줄 알면서도 죽음의 선을 타고야 마는 이들에게 뭐라고 조언할 수 있을까. 그래서 어부가 던진 말인 '가이탁(可以濯)'은 의미심장하다. 참함을 만난 이들의 마음속은 분노로 가득 차 있다. 조금만 건드리면 금세 불출하고야 말 활화산이다. 나의 화산을 식히기 위해서라도 어부의 말은 마음속에 새겨둘 만하리라.

묵자의 거무용지비(去無用之費)

**_남보다 부족해 아프고,
남에게 보이기 위해 안달이 났을 때**

옛날 군주들은 궁실을 지을 때 생활의 편의를 고려했을 뿐이요, 보고 즐기기 위해 짓지 않았다. 그러므로 궁실을 짓는 데 비용과 노동력을 더욱 많이 들이는 것은 이롭지 않고 그야말로 사치였다. 이 말은 묵자가 〈사과_{辭過}〉에서 언급했다. 묵자가 살았을 때 군주들은 궁실을 더욱 확장하고 사치스럽게 꾸미려 했던 듯하다. 이는 언제 어디서나 있었고, 있을 일들이다. 하물며 군주라고 했으니, 당시 최고 권력자가 아니던가. 그 자리에 있으면, 그 자리에 어울리는 다양한 의미에서의 데코레이션을 추구하는 것은 인간사에 있어 당연할지도 모르겠다. 이는 꼭 군주와 같은 권력에만 해당되는 것은 아니다. 살다 보면 누구나 남들처럼 소비를 하고 싶을 때가 있다. 남들이 차를 사면 나도 차를 사고 싶고, 남들이 집을 사면 나도 집을 사고 싶으며, 남들이 맛난 것을 먹으면 나도 맛난 것을 먹고 싶다. 문제는 차며, 집이며, 맛난 것들이 일반적인 삶의 순리에서 구하는 것이 아니라 분수에 넘치는 것을 원하거나, 약간 무리를 해서 얻어야 하는 것일 경우다. 남보다 부족하다고 느낄 때, 뭔가 나의 자존감도 상처를 입을 수 있다. 혹자가 말했던 바, 사람은 자신을 남과 비교하는 순간 불행해진다고 했던 것은 사실일 듯하다. 특별한 경우를 제외하고, 자기의 이전과 비교하면서 부족하다고 생각되어 슬퍼하는 경우는 그리 많지 않다. 즉, 남들과의 관계 속에서 특히 부족함을 비교하면서 불행해지는 것이다. 묵자의 처방은 이러했다.

> "쓸모없는 비용을 없애는 것이 성왕의 도요, 천하에 큰 이익이다(去無用之費,聖王之道,天下之大利也)"
>
> ─ 『묵자(墨子)』 「절용(節用)」

'무용한 비용'에는 세상 모든 것이 포함된다. 묵자가 예시한 것으로는 창칼, 궁궐, 음식, 수레, 배, 장례, 음악 등이 있다. 절용은 단순히 아끼자는 절약의 차원을 넘어 국가적으로 소용되는 수많은 허비를 막자는, 국가재정의 건전성을 확보하자는 뜻도 가지고 있다. 그래야 제한된 재화로 되도록 많은 백성을 포용할 수 있기 때문이다. 묵자는 이 논리 탓에 문(文)도 모른다는 지적을 받았다. 바로 순자에게서였다. 인간의 인위적 노력에 의해 만들어지는 인문주의 세상을 꿈꾸었던 순자는 묵자의 실용적 태도가 못마땅했다. 사람들의 노력을 인정하고 강화하기 위해 인간의 본성은 악하다는 가설까지 강조했던 그였다. 그 탓에 같은 유가이면서도 맹자학파와 척을 지지 않았던가. 공자도 "행유여력, 즉이학문(行有餘力, 則以學文)"이라고 했다. 즉 일상의 실천을 수행하고 난 뒤 남은 힘이 있거든 곧 그것으로 문(文)을 배우라고 했다. 이 '문(文)'을 글 일반으로 해석할 수도 있겠지만 내 생각으로 문적 세계, 곧 문화, 문명을 의미하는 것으로 보는 것이 온당할 듯하다. 그럼, 순자의 지적처럼 과연 묵자는 문화적 세계를 부정한다고 말할 수 있을까? 꼭 그렇지만은 않다. 묵자의 태도는 최대 다수의 행복을 추구하는 공리주의적 태도와 닮아있다. 아울러 제한된 재화를 가능하면 많은 이와 나누려는 사회주의적 태도와도 닮아있다. 문화세계를 구축하는 논리의 방향이 다소 다르기는 해도 묵자 역시 문화세계를 지향했던 것이다.

아, 여기서 묵자의 문화론을 말하려는 것은 아니다. '무용지비(無用之費)'를 없애자는 구절로 우리가 만나는 상처를 치유할 수는 없을까? 이것이 우리의 관심사다. 나는 책을 많이 구입해 왔다. 만권당(萬卷堂)을 구축할 수는 없지만, 내 경제적 형편을 넘어서도록 책을 구입하곤 했다. 어느

여름날 등기우편물을 갖고 온 우체부가 내 방을 보더니 한마디 던졌다.

"이 책을 다 보셨습니까?"

나는 우물거리다가 아무 말도 하지 못했다. 그를 보내고 난 뒤, 한참 동안 책방을 가만히 응시하고 있었다. 내가 나에게 물었다.

"내가 책을 왜 샀지?"

또 다른 내가 대답한다.

"당연히 보려고 샀지."

"그럼, 지금 얼마나 보았어?"

"뭐, 책을 다 보려고 사는가? 하하"

나처럼 한문 고전을 공부하는 사람들은 다른 전공학자들에 비해 더 많은 책을 전질로 구입해 왔다. 그것을 당연하게 여겼고, 어떤 책들은 마땅히 구비해야 할 '필비서(必備書)'들이기도 했다. 학교 도서관에서 책을 빌려 보기보다는 내 서재가 도서관이기를 바랐던 것이다. 가끔 도서관에서 구비하지 못한 책을 내가 소유했을 때, 그 뿌듯함은 어디에도 견줄 수 없을 정도였다. 남들이 갖지 않은 책을 구하기 위해 이곳저곳 쏘다니기도 했다. 간혹 희귀한 책을 소개하는 글을 쓰면 사람들이 너나없이 보고 인용해 주었다. 기뻤다. 학문적으로 인정받는 느낌이었다.

논문의 인용지수가 학자의 성과를 높여주는 시대에 나의 글이 남의 논문에 각주 한 줄로 실린다는 것은 자신의 성가를 높이는 지름길이었다. 벽지를 찾고 고서점을 뒤지며 남들이 보지 않은 책을 구하려고 했다. 간혹 외국에서 발행된 책을 남보다 먼저 구득해 공부모임에 소개하면서는 으쓱대기도 했다. 누군가 책을 빌려달라고 하면, 다소 난감한 표정을 지으면서 무례하게 책을 빌려달라고 하냐는 눈빛을 쏘아댔다. 그러면서 책을 구하기 위해 얼마나 힘들었는지 말해주며 완곡하게 열람요청을 거절했다. 순간 통쾌했다.

내가 가장 흐뭇하게 책을 샀던 기억은 스무 서너해 전, 북경 골목거리에 있던 작은 서점에서였다. 당시 우리 가족은 나의 강의료로 생활해야 했다. 한 달 강의료가 우리 돈으로 40만 원 가량이었다. 골목서점을 찾았던 날, 그날 하루 20만 원어치 책을 샀다. 그 책이 바로 푸른 표지의 『이십오사二十五史』다. 그토록 사고 싶었던 책이었다.

책의 수가 백 권 정도를 헤아리니 서가에 꽂으면 꽤 그럴듯해 보인다. 그날 샀던 책은 한국으로 돌아올 때 컨테이너에 실어서 가져왔고 스무 서너 해가 지난 오늘, 내 연구실 서가의 한 쪽에 그대로 꽂혀있다. 북경 골목서점에 꽂혀있던 모습 그대로! 여하간 덕분에 우리 가족은 다른 달에 비해 다소 쪼들리게 지냈다. 공부하는 내가 좋았고, 같이 공부할 수 있음을 좋아해서 나와 결혼한 아내였지만 그날 이후 책을 사는 나를 더 이상 용서하지 않았다. 그리고 나에게 다짐을 받았다. 사서 쌓아둘 책은 사지 않겠다는. 허나 이 맹서는 이제껏 지켜진 적이 한 번도 없었다. 참으로 미안한 일이다.

내 경험이 누구에게나 적용되진 않으리라. 그러니 이런 태도를 모든 사람에게 적용할 수는 없다. 아니 그래서도 안 된다. 실제 성실한 학자나 문학자들은 자신의 서재를 마중물로 삼아서 좋은 독서물을 생산하면서 다른 학자나 일반 사람들에게 사랑을 받는다. 따라서 나의 경험은 게으른 학자의 치기어린 욕심으로 치부함이 마땅하다. 근래 나는 그때 아내와 약속했던 일을 실천하고자 노력하고 있다. 여전히 관성적으로 책을 구득하지만 요령껏 구입하려고 한다. 무엇보다 공간이 제한되었기 때문이다. 비워야 채울 수 있다는 평범한 진리를 배우고 있는 중이다. 매일 새로운 지식이 쏟아지고 매일 새로운 책들이 출간된다. 나 또한 매년 책 하나는 내자는 약속을 지키고 있으니, 나 역시 매년 책을 세상에 보태고 있는 셈이다. 그 책들을 모두 구비하려면 별도의 창고가 필요하리라. 아니 불가능할 것이다.

　가만히 생각해 보면, 책을 구입해 소유하려는 욕망, 책욕(冊慾)은 권욕(權慾), 물욕(物慾), 색욕(色慾)에 버금가는 욕망인 듯하다. 그런데 그 욕망은 자기만족으로 끝나지 않고, 남에게 과시하려는, 자랑하려는 명욕(名慾)과 맞닿아 있음을 깨닫게 된다. 그보다 더 문제는 그런 욕망이 자기 안으로부터 시작한 것이 아니라 외부로부터 추동된다는 점이다. 즉, 스스로 학문적, 지적 허기(虛飢)를 채우기 위해 책을 구입하는 경우가 드물었다. 많은 경우, 자신의 지적 충만을 내보이고, 그것으로 인정받기 위해서였다. 묵자의 '거무용지비(去無用之費)'는 바로 이 지점을 파고든다. 과연 내가 지금 느끼는 부족감은 어디에서 기인하는가?

　나의 지적 허기는 안으로부터인가 밖으로부터인가? 살면서 중요한 것은, 어떤 경우에서든 나의 비용 지불이 나의 소용(所用)에서 기인하는지 확인하는 일이다. 새로운 것의 출현들, 즉 공급이 나의 수요를 자극하지 않았는가? 나의 수요에 의해 비용을 지불하는지 그렇지 않은지를 냉정하게 살펴보아야 하는 것이다.

　새로운 것은 끊임없이 나온다. 지식시장이 열려있는

이상 시장이 폐장되기 전까지 새로운 것은 생산되고 유통되리라. 부단히 규모를 확대하지 않으면 시장이 죽기 때문에 시장의 팽창은 끊임없이 지속될 수밖에 없다. 자기 밖에서 유래한 지적 허기를 채우기 위해 쉬지 않고 쌓아둔 책들 위에는 먼지가 앉은 채 방안의 공기만 더럽히고 있다. 지금 나의 서재가 그러하다. 유용(有用)과 무용(無用)을 구분하고, 실용(實用)과 허용(虛用)을 확인하면서, 자기 안의 욕망을 예민하게 포착해서 살아가는 것, 이것이 묵자가 '절용(節用)'을 통해 일러준 묘방(妙方)이 아닐는지. 오늘도 나는 책을 하나 버린다. 내 마음에서, 내 서재에서.

장자의 혼돈(渾沌)

_너무도 착해서 누군가에게 휘둘리다가
   내가 사라진다고 느낄 때

세상에 혼돈(渾沌)이란 아이가 있었다. 이름대로 그 아이에겐 눈도 코도 귀도 입도 없었다. 그냥 뭐가 뭔지 구분할 수 없을 정도로 하나로 엉켜있었다. 흔히 카오스라고 옮겨지듯이, 어수선하고 혼란스러운 얼굴을 하고 있었다. 배우들은 화장을 하면서 눈썹을 그리고 입술을 붉게 칠하며 볼에 분칠하여 얼굴의 이목구비를 또렷하게 만들고 음영까지 주어 입체적으로 보이도록 만든다. 세간에서도 이목구비가 또렷하면 미남, 미녀로 불리곤 한다. 이에 비추면 혼돈은 그야말로 추남, 추녀의 대명사일지도 모른다. 생각해 보니 장자가 혼돈을 남자로 보았는지 여자로 말했는지 확실하지 않다. 남녀의 구분도 분명하지 않으니, 참으로 정체성이 모호하다.

"하루에 구멍 하나씩 뚫어주자, 이레 만에 혼돈은 죽고 말았
다(日鑿一竅, 七日而渾沌死)"

— 『장자(莊子)』 「응제왕(應帝王)」

　천하의 중앙을 지키는 혼돈에게는 좋은 친구들이 있었
다. 그들은 혼돈이 착해 자신들에게 잘해 주었던 아름다
운 기억을 갖고 있었다. 그들은 혼돈이 자신들처럼 보고
듣고 말하기를 원해서 눈과 코와 귀와 입을 갖기를 원했
다. 혼돈은 평소에 그들과 친하게 지냈고 소통에 아무런
문제가 없어서 굳이 원치 않았지만, 선의로 받아주고자
그들의 제안을 들어주기로 했다. 착해도 너무 착했다. 동
서남북에 살던 혼돈의 벗들은 기뻐하며 혼돈에게 눈, 코,
귀, 입을 만들어주었다. 자신들과 같은 얼굴을 가지게 된
혼돈을 본 친구들은 참으로 기뻐했다. 은혜를 갚았다는
느낌과 함께, 이제 혼돈이 자신들과 같은 모습을 가진 존
재가 되었음을 확인했기 때문이다. 동류의식의 변종이랄
까. 이런 모습을 우리도 흔히 겪고 있지 않을까? 나와 다
른 존재에 대해 낯선 의구심을 가지고 지내다가, 자신들
에게 잘해 주자 자신의 편으로 생각해 자신들과 같은 모
습으로 바꾸기를 요구하고, 그 요구에 순응해 오면 자기
들 멋대로 상대를 자기들처럼 만들어버리는 폭력들을!

착하다는 것은 무엇일까? 착하다는 뜻을 한자로는 '선(善)'으로 표기한다. 이는 사회적 성격이 농후한 글자다. 즉 누군가 세상이 마련한 규정과 원칙에 자신을 맞출 때, 세상이 그 사람에게 붙여주는 레테르다. 이와 달리 규정을 어기는 사람을 나쁜 사람, 즉 악자(惡者)라고 부른다. 선과 악, 착함과 못됨은 사실 천부적 성격에 붙여서는 안 되는 수식어다. 무엇이 착한지 그렇지 않은지는 그 사람이 놓여있는 시간과 공간에 의해 재규정되기 때문이다. 삶의 맥락적 의미를 주의 깊게 살펴볼 필요가 있다. 그래서 맹자가 말한 성선(性善)이든, 순자가 말한 성악(性惡)이든 사실 그 기저엔 나름의 이데올로기적 의도가 자리 잡고 있다. 인간의 성품은 본래 선하지도 악하지도 않건만, 이들은 사람들을 설복시키기 위해 성선과 성악을 제시하고 강요했다. 맹자에 휘둘린 사람은 본래 착한 본성을 위해 도덕적 수양을 수행하고, 자신이 본래 착했다는 착각 속에서 살아간다. 순자에 기운 사람은 본래 나쁜 본성을 인정하고 겸손하게 자신을 닦아 세우는 인위적 규제에 순응하며 자신도 더 나은 사람이 되기 위해 노력한다. 인간의 착하고 싶은 욕망을 자극한 맹자이든, 인간의 욕망을 눌러서 순응하게끔 한 순자이든, 다들 본성을 삶의 구체적 맥락 속에서 바라보기보다는, 선규정된 도그마 안에서 인간을 규정하고 그 안에서 살도록 했다. 사람은 누구나 자기만의 도그마든 매트릭스든지를 갖고 있다. 그 안에서 어떤 부조리도 느끼지 않고 편안하게 살 수도 있다. 그래서 도그마나 매트릭스에 갇히지 않은 삶은 참으로 버겁기도 하다. 나의 삶이 불편함을 인정하지 않을 수 없기 때문이다.

다시 혼돈으로 돌아가 보자. 혼돈은 사실 혼돈 자체로 행복했다. 자신의 삶의 결을 놓치지도 않았고, 다른 사람의 기쁨도 도와줄 수 있었다. 그들과의 관계도 괜찮았다. 자신이 살고 있는 지역에서 자유롭게 살았고, 다른 지역 사람들의 존중도 받았다. 그랬던 그가 하루에 구멍이 하나씩 뚫리며 눈과 코와 귀와 입이 생기는 순간, 생명을 잃고 말았다.

무엇이 문제였을까? 가장 큰 것은 자기 삶의 결을 놓친 것이리라. 누구나 살아있는 한 자기만의 삶결로 살 권리가 있고 살아야 할 의무도 있다. 그것이 비록 사회적으로 용납 받을 수 없는 행위를 저지르게 하더라도 그 나름의 존재가치가 있다. 그래서 많은 종교지도자들은 사람 그 자체를 미워하거나 죄를 주지 말라고 했다. 이 말은 이해하기 어려운 경구이지만, 찬찬히 들여다보면 이 말처럼 인간적인 경구도 없다. 투정하는 아이는 아이대로, 선행하는 아이는 아이대로, 나쁜 일을 저지르는 사람은 그 사람대로, 하다못해 살인과 강도를 일삼아 저지르던 사람도 그 나름의 삶결대로 살아가고 있는 것이다.

혼돈의 친구들은 혼돈을 죽였다. 혼돈의 삶결로 이해해 주기는커녕, 자신들의 눈과 마음에 비춰 혼돈의 삶을 마음껏 재단했고, 이를 견디지 못한 혼돈은 끝내 생명을 잃고 말았던 것이다. 각자가 지닌 생명의 결을 존중하고 받아주는 것, 상대가 말하는 논리를 끝까지 경청해 줄 수 있는 태도, 그가 살아낸, 살아가고 있는, 살아갈 길을 있는 그대로 지켜보는 인내와 애정, 이것이 누군가의 삶을 존중할 수 있는 길이다. 이는 혼돈 혼자서만 가능한 길은 아니다. 혼돈의 주위에서 같이 지켜주어야 한다. 만일 그들이 지켜주지 않는다면 혼돈으로서의 당신은 이제 착하게 살아서는 안 된다. 나의 존재감마저 삭여내는 저들의 태도를 방치해서는 안 된다.

혹시 당신은 누군가를 당신의 입맛대로 요리하고 있지 않은가? 당신이 짠맛을 좋아하니, 상대에게 소금을 먹여야지 하는 생각을 하고 있지는 않은가? 자신을 성찰하라. 혹시 당신은 너무도 착해서 자신의 삶결을 팽개친 채, 남의 눈과 마음에 자신을 내맡기고 있지는 않은가? 그가 여원 몸을 좋아하기에 애써 자신의 몸을 여위게 만들고 있지 않은가? 그러다가 혹여 죽음의 문턱에 닿은 적은 없는가? 혼돈의 죽음은 우리가 어떻게 살고 있는지를 철저하게 반성하도록 해준다. 가끔은 혼돈처럼 하나로 엉켜 있는 모호함이 주는 편안함을 느껴볼 필요가 있다. 또렷함은 명징해 보이기는 해도 그뿐이다. 불편해 보이는 모호함 속의 생명성을 이해하도록 하자. 특히 인간의 마음은 복잡하기 그지없다. 하루에도 수없이 변하는 마음을 매 조지해 하나로 정할 수 없음을 인정하자. 너무도 착한 당신이여! 이제 착하게 살지 말자. 착하면 죽는다는 점을 혼돈의 죽음에서 기억하자. 그의 죽음이 당신을 살리리라.

실낱같은 희망으로 고전을 마주하다

가끔은, 아주 가끔은 내가 하는 공부가 무엇을 지향하고 있는지 궁금해질 때가 있다. 이미 학문의 세계에 진입한 지 오래건만 여전히 머릿속을 헤매는 질문이 하나 있다.

"너는 왜 고전을 공부하니?"

사실 이는 오랜 외우(畏友)가 전화로 던진 물음이었다. 순간 말문이 막혀 가만히 있었던 기억이 새롭다. 친구가 아무 생각 없이 던진 질문일 수도 있지만, 가만히 있었던 나의 모습을 떠올릴 때면 부끄럽기 짝이 없다. 그로부터 스무 해가 넘치도록 흘렀다. 아직도 이 물음은 내 가슴속에 아린 아픔으로 자리하고 있다.

이 글에서 시도한 치유독법은 별다른 독법은 아니요, 학문적 검증을 거친 논고도 아니다. 그동안 마음속에 담아두었던 고민들을 두서없이 끌어내온 것에 지나지 않는다. 그래서 더욱 부끄럽다. 겨우 고전 몇 가닥을 잡고 거창하게 이름을 붙이는 듯해 더욱 부끄럽다.

그러나 나는 자본과 기술의 시대에 인간의 마음을 다독이고 재설정하는 일은 아주 중요하다고 생각한다. 특히 과학의 시대인 지금은 과학의 질주를 성찰하고 자기 삶의 주체로서의 인간을 다시 비정(批定)하는 것이 나 같은 고전학자가 해야 할 일의 하나가 될 것이다. 그간 종교나 철학이 담당해왔던 영역이기도 하다. 이제 실낱같은 희망을 갖고 고전을 마주하기 시작한 치기어린 도전을 시작해 본다.

2장

원망에 대한 성찰
_백이의 마음을 읽다

원망은 프레임이다

원망(怨望)은 하나의 감정 프레임을 구성한다. 한쪽에는 원망하는 자가 있고 다른 한쪽에는 원망을 당하는 자가 있다. 누가 잘했는지 못했는지, 무엇이 좋은지 나쁜지는 우리로서는 알 수 없다. 당사자들끼리는 알 수 있을 것이라고 생각하지만 꼭 그렇지만도 않다. 어떤 경우는 제3자가 그 경위를 정확히 알아내는 경우도 있다. 게다가 그 원망도 또한 찬찬히 들어보면 누군가의 넋두리요 억울함의 호소에 그치는 경우가 많다. 그래도 우리는 그 사정을 귀담아 들어줄 필요는 있다. 당사자에겐 견딜 수 없는 아픔이요 상처이기 때문이다. 그것이 나의 경우라면 어떻게 할 것인가?

먼저 한 가지 묻자. 오늘 하루 행복한 마음으로 생활하였는가? 혹시 누군가, 무엇인가를 원망하면서 지냈는가? 조금이라도 원망하는 마음을 품었다면, 그것은 무슨 이유에서였는가? 주위 사람들에게 확인해보면 사람들은 대부분 하루도 누군가를, 무엇인가를 원망하지 않고 살아가는 사람들은 없다. 오히려 하나의 원망하는 마음도 없이 사는 사람이 있다고 하면, 다들 '독특하네!'라고 말을 하곤 한다. 그 말은 원망하지 않는 생활이 흔하지 않음을 반증한다.

언젠가부터 우리의 일상이 되어버린 '원망', 이것은 도대체 어떤 감정이고, 어떤 삶의 방식이라서 우리를 휘감아 돌고 있는 것일까? 그런데 이 원망은 뜻밖에도 『사기(史記)』 속 인물들을 이해하는 주요한 키워드로 등장하며, 공자가 살았던 시대에도 주요한 논제였던 듯하다. 나는 최근 『사기』 열전(列傳)을 차근하게 읽을 기회가 생겼고, 그 덕분에 그 안에 있는 옛사람(古人)들과 대화를 나눌 시간을 갖게 되었다. 대학에 갓 들어가서 처음 만났던 저들은 그저 옛날 사람들일 뿐이었는데, 그로부터 서른 해가 지난 지금 읽어보니 바로 내 이야기였다. 스포일러가 되자면, 저들은 세상을 살아가면서 음으로든 양으로든 원망을 안거나 품고 살았고, 그 때문에 눈물을 흘리거나 웃음을 던졌으며 끝내 죽거나 되살아나기도 하였다. 이제 그 이야기를 백이로부터 시작하도록 하자.

백이와 그의 슬픈 노래

"백이와 숙제는 고죽국 임금의 두 아들이다. 아버지는 숙제를 왕위에 세우기를 원했었다. 아버지가 죽자 숙제는 백이에게 왕위를 양보하였다. 백이는, "아버지의 명령으로, 네가 왕위에 서야 한다."라고 말하고 끝내 도망쳐 고죽국을 떠났다. 숙제도 마찬가지로 왕위에 서려 하지 않은 채 달아났다. 나라 사람들은 그 가운데 아들을 왕위에 세웠다. 이때 백이와 숙제는 서백 희창이 원로를 잘 모신다는 소식을 듣고는, '어찌 가서 그에게 귀의하지 않을손가'라고 생각하였다. 그들이 서백을 찾아갔을 때, 서백은 이미 죽었고, 그의 아들 무왕이 부친의 나무신주를 신고 문왕으로 칭하면서 동쪽으로 은나라 주왕을 치러 출정하고 있었다. 백이와 숙제는 무왕이 탄 전차의 말을 붙들고 간세(諫說)하였다.

"아버지가 죽었는데 장례를 치르지 않고 이에 전쟁을 일으켰으니, 이 일을 효성스럽다고 말할 수 있겠소? 신하의 처지로 천자를 시해하려 하니, 이를 어질다고 말할 수 있겠소?"

무왕의 좌우에 있던 병사들이 그를 해치려고 했다. 태공이 "이들은 의로운 사람이다."라고 하고 양쪽에서 떠메어 떠나가도록 했다. 이윽고 무왕이 은나라의 난국을 평정하자, 천하 사람들은 주나라를 종주로 받들었다. 백이와 숙제는 이를 치욕스럽게 여기고 의리상 주나라의 곡식을 먹지 않으며 수양산에 은거해서 산나물을 캐어 먹었다. 굶주리다 못해 장차 죽음이 다가왔을 때 노래를 불렀다."

伯夷叔齊, 孤竹國之二子也. 父欲立叔齊, 及父卒, 叔齊讓伯夷. 伯夷曰, 父命也. 遂逃去. 叔齊亦不肯立而逃之. 國人立其中子. 於是伯夷叔齊聞西伯昌善養老, 盍往歸焉. 及至, 西伯卒, 武王載木主, 號爲文王, 東伐紂. 伯夷叔齊叩馬而諫曰, 父死不葬, 爰及干戈, 可謂孝乎? 以臣弒君, 可謂仁乎? 左右欲兵之. 太公曰, 此義人也. 扶而去之. 武王已平殷亂, 天下宗周, 而伯夷叔齊恥之, 義不食周粟, 隱於首陽, 採薇而食之, 遂餓而死.

사마천(司馬遷)이 기록한 백이의 삶이다. 너무도 익히 알려진 이야기이지만 생각보다 해석하기 쉽지 않다. 공자가 백이와 숙제를 두고 내린 평가로부터 시작한다.

"백이와 숙제는 옛 악을 생각하지 않았으니 그래서 원망이 거의 없었다(伯夷叔齊, 不念舊惡, 怨是用希)"

"인(仁)을 추구하여 인을 얻었으니, 또한 무엇을 원망하겠는가?(求仁得仁, 又何怨乎?)"

그런데, 이에 대하여 사마천은 이렇게 말했다.

"나는 백이의 마음이 서럽다. 지금은 사라졌지만 입으로 전하는 시를 보면 다르게 생각할 만하다(余悲伯夷之意, 睹軼詩可異焉)"

공자의 평가에 이의를 제기한 셈이다. 앞서 '백이'란 호칭에 대해 양해를 구하고자 한다. 본래 백이와 숙제는 형제다. 통상 각각의 이름 끝 자 하나씩을 떼어서 합한 뒤 '이제(夷齊)'라고도 줄여서 부른다. 공자나 사마천은 '백이'라고 불렀지만, 사실 '백이'와 '숙제' 두 사람을 뜻한다. 우리도 그들처럼 '백이'라고 부르도록 한다.

백이는 중국 주나라가 천자의 나라로 될 즈음 이미 지긋한 나이를 먹은 사람이다. 주나라는 약 3천 년 전의 나라로서, 당시 주나라의 왕이었던 문왕(文王)은 세상 사람 가운데 거의 삼분지 이에 해당하는 이들의 마음을 얻었다. 문왕은 천자인 은(殷) 나라 주왕(紂王)의 미움을 받아 유리(羑里)라는 곳에 유폐되었을 정도로 시기를 받아 고초를 겪었지만 세상 사람들은 여전히 문왕을 신뢰했다. 아마도 부친의 공덕이 남아서였으리라. 문왕의 아들 무왕(武王)이 군사적 봉기를 일으켰을 때 수많은 사람들은 그를 좇아서 주왕의 쿠데타를 응원했고 실제 뒤좇아 거사에 참여했다.

무왕이 주왕을 공격하러 떠날 즈음이었다. 산해관(山海關) 부근, 중원의 중심에서 아주 먼 변방에 있던 고죽국(孤竹國)에서 왕위를 마다하고 떠나왔던 백이가 무왕의 군대 앞에 나타났다. 그들은 무왕의 전차를 가로막아 서며 천자(당시 천하의 주인은 은나라 주왕이었다.)를 상대로 무력으로 공격해서는 안 된다고 시위했다. 전차 앞을 가로막아선 선 노인들, 그들은 비무장이었다. 그들을 추종하는 사람들도 있었을 터, 그들도 또한 비무장이었으리라. 이른바 부정과 불의를 저지르는 주왕을 타도하러 가는 길이었으니만큼 비무장한 노인들을 창칼로 해코지하는 것은 적절하지 않았다. 게다가 이들의 아름다운 이름이 세상에 자자하였으니 이들을 강제로 진압한다는 것은 더욱 안 될 일이었다. 이 순간, 무왕의 최측근으로서 이번 전쟁의 기획자인 태공망 여상(呂尙)이 얼른 나섰다. 그는 백이를 붙들고 시비하며 육박지르던 병사들을 저지했다.

"이들은 의인이다(此義人也)"

태공망의 언명은 단호했고 군소리 하나 없었다. 백이에 대한 세상의 평가를 익히 알고 있던 태공망은 갑자기 나타나 전쟁 반대를 외치는 백이를 보고 당황했다. 그에게 이번 거사는 정의의 전쟁이었다. 아니 정의로워야 했다. 이 전쟁은 무왕의 부친인 문왕 시절부터 축적된 인간적 신뢰에 바탕을 두었고 천하의 주인을 '새로운 방식'으로 바꾸기 위해 오랫동안 정성을 들여왔기 때문이다. 거의 마지막 단추를 누르려는 순간, 백이가 나타난 것이다. 가장 큰 난관이었다.

그런데, 한번 생각해 보자. 과연 정의의 전쟁이 존재하는가? 전쟁이 정의롭다, 그렇지 않다를 판단하는 기준은 무엇일까? 확실하진 않아도 사람의 마음을 얻지 못하는 정치나 전쟁이 성공했던 적은 없었다. 어쩌면 세상 사람의 마음, 이것이 거의 유일한 기준일지 모른다. 그런 점에서 이 전쟁은 이미 승리한 전쟁이었다. 세상 사람 반수 이상의 마음을 얻었지 않은가. 그런데 세상의 현자로 알려진 사람, 왕위라는 이상적 자리를 박차고 나온 사람,

부모의 말씀을 받들어 효성스럽다고 알려진 사람, 세상 사람이 어질다고 인정한 저들이 자신들을 막아섰다. 순간 아찔했다. 태공망은 얼른 기지를 발휘했다. 저들을 내치지 않고 오히려 저들의 마음을 인정해 주는 것으로 자신의 입지를 강화하고, 자신을 반대하는 사람들도 포용할 수 있음을 세상에 내보이기로 했다. 저들도 의롭고 우리도 의롭다. 양시론(兩是論)이다. 나의 의로움을 내보이기 위해 남의 의로움을 인정하고 더욱 관용을 베풀어야 한다. 태공망의 네 마디는 그런 점에서 많은 의미를 담은 단호한 목소리였다.

무왕의 출정 때에 벌어진 백이와의 일은 하나의 해프닝에 그치고 말았다. 아니 해프닝으로 끝나며 덮어졌다. 백이는 실의했다. 그 먼 길을 걸어서 이곳 주나라를 찾아왔던 것은 원로를 모실 줄 아는 사람이 있다는 소문을 들어서였다. 적어도 세상의 경험을 지혜로 녹여냈던 사람을 대우할 줄 아는 이의 존재! 백이가 생각할 때 참으로 고맙고 귀한 사람이었다. 나이가 들면 쓸모없다고 버려지는 세상의 차가운 인심을 겪으며 얼마나 울분을 토했던가? 그 자신은 이른바 왕으로서 누릴 수 있는 권리도 명예도 부귀도 팽개치고 떠나오지 않았던가. 그만큼 그의 마음은 절실했었다. 비록 중원에서 동북쪽 변방에 위치하고 있었지만 늘 세상이 맑아질 수 있다면 참 좋겠다는 생각을 한 번도 놓친 적이 없었다. 처음이자 마지막 시도였던 시위가 무산으로 끝난 채 쓸쓸하게 돌아선 백이, 그는 끝내 현실과의 절연을 선택하고 말았다.

무왕은 은나라를 무찌르고 결국 천자의 지위에 올랐다. 백이가 생각하기에 저들은 불의한 사람들이었다. 천하 사람들은 다들 주나라를 천자로 모셨고 그 조정에서 일하기를 원했다. 그리고 적극적으로 참여했다. 그러나 백이는 그 상황을 도저히 견디지 못했다. 불의한 권력이 정권을 잡았는데도 그리로 쏠리는 사람들의 행동과 마음도 이해할 수 없었다. 그렇다고 저들을 하나하나 찾아가서 무왕 정권은 정의롭지 않다고, 종주(宗周)하는 행위는 옳지 않은 것이라고 설득해서 마음 고쳐먹게 할 자신도 없었다. 이미 세상은 주나라 무왕의 것이었기 때문이다. 그런 세상에 살고 있는 나 자신이 부끄러웠다. 이때 그가 할 수 있는 일이라곤 고작 세상에서의 자신의 자취를 감추는 것이었다. 이른바 은거(隱居)였다.

은거는 자신의 도가 실현되지 않을 때 지식인이 취할 수 있는 또 하나의 적극적 행위이다. 흔히 우리는 은거하는 이들에게 양생(養生)을 통해 생명이 영원하기를 꿈꾸었

던 위진적(魏晉的) 도가(道家)의 모자를 씌워서 세상 회피, 음
풍농월, 자연 완상 등과 같은 레테르를 붙이곤 한다. 그
런데 '은(隱)'은 숨는다는 뜻보다 더 귀한 의미를 하나 갖고
있다. 바로 애달파하다, 불쌍하게 여긴다는 뜻이다. 유가
가 이상적인 인간의 인격으로 생각하는 인(仁)의 단서로
꼽는 측은지심(惻隱之心)의 '은(隱)'자가 바로 이 글자다. 누
군가를 아파하고 동정하는 마음이다. 어쩌면 은자는 그
늘 속에 자신을 감추기 이전에 누군가의 상처를 같이 아
파하다가 도저히 어찌할 도리가 없어서 가만히 자신의
족적(足跡)을 거두었던 사람, 나 아닌 사람을 애달파하며
같이 아파해주려는 착한 사람이 아니었을까? 이 순간, 은
거의 의미를 다시 생각하게 된다.

　백이는 수양산으로 들어갔다. 그곳에서 산나물을 캐어
먹으면서 살았다. 나름 지조를 지키며 힘겹게 살아갔다.
그런데 세상에서 들려오는 소리는 흉흉했다. 하다못해
자신이 산나물로 연명하는 것을 비아냥거리는 소리도 들
려왔다. 그곳의 산나물은 주나라에서 나는 것이 아니냐
는 것이었다. 백이가 주나라의 곡식을 먹지 않겠노라고
선언했던 것을 비꼰 소리였다. 참으로 잔인했다. 본래 세
상은 그런 것이다. 누군가 미워하거나 시기하는 사람이
있으면, 그가 죽을 때까지 찔러대는 법이었다. 죽을 때까

지 찔러대는 비수들! 말의 번뜩이는 검광(劍光)은 보이지 않아도 예리하게 마음을 후비고 독이 된다. 보이지 않기에 막을 수도 없다. 그래서 더욱 무섭다. 결국 그 칼날들을 이기지 못한 백이는 곡기를 끊었고 끝내 죽고 말았다. 그는 죽기 전에 이런 노래를 남겼다. 아마도 너무도 원통하여 울면서 노래했으리라.

저 서산에 올라서

그곳 고사리를 캐노라.

폭력으로 폭력을 바꿔놓고

그 그릇됨은 알지 못하네.

신농도 우순도 하우도 홀연히 사라졌으니

나는 어디로 돌아가려나

아, 슬프다! 떠나자

천명이 사위어가네.

登彼西山兮　采其薇矣

以暴易暴兮　不知其非矣

神農虞夏忽焉沒兮　我安適歸矣

于嗟徂兮　命之衰矣

3.

문명과 폭력,
그리고 분노와 좌절

이 노래의 내용은 생각보다 심각하다. 자신의 목숨을 끊으면서 굳이 써 내려갔으니 그 어느 것보다 절실하다고 할 수 있다. 자, 하나씩 살펴보도록 하자.

"저 서산에 올라서

그곳 고사리를 캐노라."

여기까지는 일반적으로 알려진 내용이다. 백이는 무왕의 은나라 정벌을 막지 못한 뒤로 이른바 수양산으로 알려진 서산으로 은거한다. 주나라 도읍인 박(毫)의 서편에 위치한 곳이다. 평지에 높이 솟아서 다른 곳보다 볕이 일찍 드는 산이다. 아무것도 없는 사람이 살기에는 따뜻한 곳이 으뜸인 법, 맨몸으로 선 백이에게 맞는 장소였다. 비록 아주 외진 곳은 아니라서 세상과 완전히 담을 쌓은 곳은 아니었다. 여전히 백이는 세상의 변화를 살피고 세상 사람들의 삶을 아파하며, 세상에 바른 도리가 실현되기를 희구하였다. 그 땅에서 가장 흔하고 하잘것없는 음식을 먹으며 살았다. 백이로서는 자신을 가다듬는 방법이었다. 백이는 이렇게 간단하게 자신의 삶의 방식을 말한 뒤 속내를 직설적으로 토로한다.

> "폭력으로 폭력을 바꿔놓고
> 그 그릇됨은 알지 못하네."

폭력으로 폭력을 바꾸다! 이 말은 주나라 무왕이 폭력의 방법으로 은나라 주왕을 무찌른 것을 가리킨다. 이 지점은 대단히 중요하다. 그간 중원의 정권교체는 선양(禪讓)과 같은 평화적 방법에 의해 이루어져 왔다. 가장 비근한 사례가 요(堯)와 순(舜)의 선양이었다. 요는 자신의 측근 신하들 및 지역의 신하들에게 사람을 추천하라고 했고, 추천된 순을 스무 해 동안 일을 맡겨서 수행능력을 살펴보았으며, 자신의 두 딸을 시집보내어서 가정사를 어떻게 처리하는지도 살펴보았다. 앞은 공적 영역이고, 뒤는 사적 영역이다. 흔히 사람들은 공적 영역과 사적 영역 사이의 공백이 제법 크다. 안 일과 바깥일이 한결같기를 바라는 것은 책에서나 가능한 일이리라. 그러나 지금 요가 선택해야 하는 사람은 바로 한 집안의 가장이 아니라 나라 전체를 다스릴 사람이었다. 생령(生靈) 하나나 둘이 걸린 문제가 아니요, 국가의 운명, 세상의 운세와 관련된 일이었다. 그와 친하고 친하지 않고, 그와 피를 나누고 나누지 않고가 판단 기준이 될 수는 없다. 실제로 요에게는 단주(丹朱)라는 아들이 하나 있었다. 그런데 아버지가 볼 때 착하고 귀여운 아들이었지만 나라를 다스릴 군주감은 아니었다. 그래서 요는 스무 해 동안 순을 시험하면서 많이 기다렸다.

순의 아내였던 아황과 여영은 자매로서 같이 하나의 남편을 잘 모셨다. 이들의 부부간 의리가 얼마나 좋았던지, 순이 죽던 날, 이 둘도 같이 동정호(洞庭湖)에 몸을 던져 세상을 하직하였다. 지금도 동정호의 한 가운데 있는 섬에는 군산(君山)이 있는데, 이곳에 두 아내가 남편 순이 죽던 날 흘린 눈물이 튀어 무늬로 남은 반죽(斑竹)이 자란다고 한다. 이만하면 요가 순을 선택했던 것이 틀리진 않았다고 볼 수 있을 듯하다. 이즈음의 역사를 세상 사람들은 이른바 태평스런 시대요 평화로운 세상으로 기억한다.

그런데, 주나라 무왕이 열어 보인 판도라의 상자 안에는 평화가 아닌 폭력이 들어있었다. 백이는 무엇보다 폭력을 폭력으로 교체했다는 사실에 크게 충격을 입었다.

개인과 개인 사이의 문제가 아니었기에 그 충격은 더욱 컸다. 세상의 통서(統緖)와 운영의 원리를 뒤바꾸는 일이었기 때문이다. 비록 정의롭지 않은 폭력을 정의로운 폭력으로 바꾸었으니 정당하다고 변호할 지도 모르겠다. 하지만 생각해보면, 무엇이 정의이고 불의일까? 무엇을 기준으로 하여 정의와 불의를 나눌 것인가? 쉬운 일은 아니다. 그나마 공정했으리라고 추정하는 정사(正史) 역시 승자의 역사이지 않던가? 백이로부터 한참을 지나 공자도 거쳐 백년이 흐른 뒤 세상에 나온 묵자가 이런 말을 한 적이 있었다. 복숭아 하나를 훔치면 도둑으로 몰리지만, 나라 하나를 훔치면 영웅으로 여겨지고, 사람 하나를 죽이면 살인자로 처벌받지만 수많은 사람을 죽이면 마찬가지로 영웅으로 떠받들어지며, 무엇이 선이고 무엇이 악이며, 무엇이 정의이고 무엇이 불의인지 질문을 던진 적이 있었다. 묵자의 이 질문은 지금도 유효하다.

백이는 이번 사건이 피의 역사를 여는 서막(序幕)이었음을 짐작했다. 폭력은 또 다른 폭력으로 대체되고 그 폭력은 더 크거나 교활한 폭력으로 대체될 것이었다. 바로 하염없이 이어지는, 끝도 없이 흘러갈 폭력의 뫼비우스 띠였다. 이후로 끊임없이 이어져 온 폭력의 역사! 백이의 추측은 맞았다. 중국사를 거대한 용이라고 할 때, 몸

075

뚱이 어느 지점 하나 상처로 피를 흘리지 않은 곳은 없었다. 또한 폭력의 프레임은 아주 견고한 생사의 대결구도를 갖고 있기에, 이를 벗어나는 것은 폭력을 부르는 경계 너머를 꿈꾸어야 가능한 일이었다. 어쩌면 백이가 선택했던 수양산은 은거의 공간이 아니라 폭력의 프레임을 벗어나는 경계의 공간이었을지 모른다. 급격한 좌회전은 머리를 우회전하도록 한다는 말, 그때도 유효하다. 좌와 우는 쌍생아였다. 즉 폭력의 이쪽과 저쪽은, 좌든 우든, 급진적이고 과격한 것은 동일한 어미 몸[母腹]에서 태어난 메두사의 사두(蛇頭)들인 것이다.

좌우의 극단이 아닌, 중간의 어느 지점, 그곳에서 백이가 살고 싶었던 것은 아닐까? 군주가 있는 곳에서 멀지 않은 곳, 그러나 군주와의 관계는 맺지 않는 그곳! 나라를 벗어나지 않아서 완벽한 이탈을 하진 않았지만, 그렇다고 나라에 관여하지 않아서 나름 견제와 비판을 할 수 있었던 그곳! 다른 곳보다 먼저 볕을 받을 정도로 우뚝하니 솟은 산, 남의 눈에도 잘 띄고, 나아가 자신을 오롯하게 드러낼 수밖에 없는 그곳! 그래서 그곳에 사는 이는 은밀한 음모가가 될 수도 없고, 과격한 전략가도 될 수 없다. 모든 것이 투명하며, 하다못해 산나물을 뜯어먹는 것조차 노출이 되는 곳이었다. 바로 그곳에 백이는 둥지

를 틀었고 조심스레 기다리며 주시했다. 그 경계의 공간
에서!

　무왕은 자신이 무슨 일을 저질렀는지 몰랐다. 그가 역
사에 어떤 죄를 지었는지도 몰랐다. 후과(後果)를 알고도
저지르도록 부추기며 전략을 세웠던 태공망과는 부류가
약간 다르다. 후덕했던 부친의 덕분으로 세상의 인심을
샀던 터라, 그는 자신에게 군주로서, 천자로서, 최고 경
영자로서의 자질이 있었는지에 대한 혹독한 시련을 경험
하지 않았다. 일찌감치 주나라의 시조로 불리는 고공단
보(古公亶父)는 손자인 문왕의 후덕한 자질을 눈여겨보고,
막내아들인 계력(季歷)에게 왕위를 넘겼다. 큰아들 태백(太
伯)과 둘째 아들 중옹(仲雍)은 부친의 뜻을 눈치채고 멀리
달아났다. 왕가에서 왕위를 차지하지 못한다는 것은 죽
음을 뜻한다. 공자는 이를 아름다운 양보라고 불렀지만,
아주 멀리 동해까지, 그리고 다시 남쪽으로 가서, 바다가
내다뵈는 오(吳)까지 오는 동안 태백과 중옹이 가졌을 마
음은 비장했으리라. 목숨을 건 탈주였으니! 산과 들에서
자랐던 그들에게 그곳은 아주 낯선 풍토였었다. 이 순간,
우리는 그들의 삶이 백이의 모습과 오버랩되는 기묘한
경험을 하게 된다. '아름다운 양보'의 데자뷔!

주나라는 이렇게 문왕까지 세대가 내려왔지만, 아직 은나라의 운명은 남아 있었다. 은나라 주왕(紂王)은 미색에 빠지고 정사에 소홀하며 백성에게 가혹했다고 알려져 있다. 그런데 『서경』에 기록된 그의 정치적 자취는 제법 괜찮았다. 허나 『논어』나 『맹자』를 들추다 보면, 어쩌면 이리도 하나의 인물에 대한 상(像)을 고정시켜 놓았는지, 참으로 모질다는 느낌을 가질 때가 있다. 특정한 이념을 만들어내기 위하여, 마치 어린 아이들 천자문 외우듯, 달달달 하나의 구절, 하나의 생각을 강요하다니! 어린이부터 성인들, 나아가 노인들까지, 중앙 정계로부터 시골구석까지, 한번 기록된 모습은 계속 반복 재생산되면서 확증편향을 낳고 끝내 인간의 머리에서 발끝까지 장악하였다. 그리하여 우연한 사건은 필연적 합리가 되고 스쳐가던 느낌은 강한 확신으로 변하여 결국 누군가는 죄인으로, 누군가는 성인으로 만들어졌다. 중간에 삐죽삐죽 울퉁불퉁하는 모습들을 찬찬히 길어 올리려면 많은 공력과 두터운 얼음장을 뚫고 나와야 한다. 나 역시 경서를 배울 때면 악인의 대명사로 하나라의 걸(桀), 은나라의 주(紂)를 아무 생각 없이 외우곤 했었다.

여하간 무왕은 자신이 폭력의 역사를 낳았다는 사실을 몰랐으니, 그것에 대해 반성할 줄은 꿈에도 생각한 적이 없었으리라. 백이는 마음이 아팠다. 그의 부친인 문왕의 방명(芳名)을 듣고 주나라까지 왔건만, 그들이 목격한 것은 참담한 미래의 모습이었다. 예지력을 갖춘 그는 대야 속의 물속에서 전쟁으로 점철된 미래의 참혹한 화면을 보았다! 나는 어느 뜨거운 여름날, 파티마의 성지를 찾아간 적이 있었다. 그곳은 세 아이가 성모마리아의 현신을 목격했고, 성모님이 말해주는 미래의 일들을 들었던 곳이다. 아이들은 무서운 나머지 끝내 세상과 절연한 채 살아갔다. 세상이 무서워서도 그러했지만, 자신들이 보았던 것을 차마 누구에게도 말할 수 없었던 것이다. 너무도 무서워서. 백이가 미리 '목격'한 것도 마찬가지였다. 이미 지옥으로 가는 문은 열렸다. 그 앞에 백이가 서 있다. 마치 오르세미술관에 소장된 로댕의 〈지옥의 문〉의 문설주에 새겨진 '생각하는 사람'이 인간의 운명을 고뇌하며 절망하다 숙여진 고개를 떠받치고 있듯이. 백이의 어깨는 축 처지고 시선은 아래로 떨어졌다. 그의 머릿속으로 심한 배신감과 좌절감이 스치고 지나간다.

4.

백이를 바라보는 두 가지 시선

"신농도 우순도 하우도 홀연히 사라졌으니
나는 어디로 돌아가려나?"

이 구절의 "나는 어디로 돌아가려나?"라는 말은 참으
로 가슴 아픈 한숨의 탄사다. 막막함이랄까, 아득함이랄
까, 허전함이랄까, 좌절감이랄까, 한 가닥 희망으로 살아
왔던 백이는 어디로든 가야 할 듯한데, 도대체 발끝을 어
디로 향해야 할지 모른다. 갑자기 그간 살아왔던 모습들
이 스쳐가며 허무해졌다. 그동안 나는 무엇을 위하여 애
썼던 것일까? 모든 사람들이 바라는 권력도 뿌리치고 세
상의 도리를 찾기 위하여 살아왔다. 비록 가진 것 하나
없어도 마음 맞는 형제가 같이 있어서 행복했고, 그 이
상도 이하도 바라지 않았다. 먹고 싶은 것 많은 세상에서
그저 산나물 하나 캐어먹으면서도 행복했다. 남들에
게 명예욕이 있다는 불평과 비난을 들었지만 개의치 않

았다. 내가 당당하고 떳떳했기 때문이다. 모함도 들었다. 내가 산나물이나 뜯어먹고 사는 것조차 비난받았다. 그렇게 잘난 척할 것이면 아예 이 나라를 떠날 것이지, 왜 어슬렁거리며 자신들을 불편하게 만드느냐며 모욕도 안겨주었다. 가슴이 막히고 눈앞이 아찔해진 백이! 그는 이미 받았던 좌절에 다시 인심이 안겨준 상처에 어찌할 바를 몰랐다. 이제 결단을 내릴 때가 되었다.

"아, 슬프다! 떠나자
천명이 사위어가네."

절망의 탄사치고는 너무 간단하다. '아, 슬프다.' 그렇다. 옛사람들의 감정 처리는 이처럼 간단했다. 게다가 슬프니, 아쉽다느니, 구슬프다느니, 가슴 아프다느니 하는 속내를 다 드러내는 것을 꺼려했다. 사실 감정은 복잡하기 그지없어서 한 마디로 요약할 수도, 추려낼 수도 없다. 그래서 더욱 백이의 짧은 탄성이 왠지 짠해진다. 하염없이 토로할 수도 없는 상황, 뭔가 가슴에 맺힌 감정과 사연들, 허나 짧은 탄사 하나 이외에 더 이상 뭐라 할 수도 없는 처지! 백이는 막막했다. 어디로 가야 하는가. 이미 고향은 작심하고 떠나왔는데, 같이 왔던 사람들도 모두 떠나갔고 겨우 뜻 맞는 형제 두 사람뿐이었다. 이젠 지쳤다.

많은 해석자들은 원문의 "명지쇠의(命之衰矣)"를 "내 운명
은 쇠약해지고 끝났다."라고 해석한다. 그러나 이는 백
이의 마음을 모르는 소리다. '명(命)'을 한 사람의 목숨이
나 생명으로만 한정하면, 이 말은 나약한 넋두리에 빠지
고 만다. 백이의 눈은 개인에 머물지 않았고, 그의 가슴
은 더 넓은 세상의 안녕을 희구하고 있었다. 그가 고죽국
에서 머나먼 이곳까지 온 이유도 그저 개인의 목숨을 부
지할 곳을 찾아서 온 것은 아니었다. 아름다운 세상을 일
굴 사람을 찾아서 왔고 목숨까지 걸며 저들의 전쟁을 막
고자 했었다. 그래서 이곳의 '명(命)'은 천명으로 해석하는
것이 적절하다.

앞서 말했듯이 그는 폭력이 점철될 미래를 미리 눈으
로 보았다. 그의 눈 속에 비친 수많은 사람의 비명들, 화
염들, 살상들, 야욕에 불타는 눈빛들, 슬픔에 잠긴 누이
들, 자식 잃은 부모들, 부모 잃은 고아들! "천명이 쇠어어
가네."라고 했지만, "천명은 기울기 시작했고", "천명은
곧 끝나리라."는 것을 알았다. '쇠(衰)'는 기운이 떨어지다,
기운이 빠지다, 기운이 약해지다, 기운이 미약해지다는
뜻이다. 끝났다는 '종(終)'에 비해 아직은 끝나진 않았다.
기운이 빠지고 조금씩 미약하나마 숨은 붙어 있다. 그래
서 혹시 생명이 붙어 있는 것이니 희망을 안에 담고 있다

고 여길 수도 있다. 그러나 그렇지 않다. 이미 죽은 자의 시신을 바라보는 아쉬움과 아직 숨이 붙어 있어 생사의 갈림길에서 오가는 환자를 바라보는 안타까움 가운데, 어느 것이 더 가슴 아플지를 생각해 보자. 겨우 산소호흡기에 연명하며 살아갈 세상을 바라보던 백이! 그는 미어지는 가슴을 더 이상 참지 못하고 스스로 목숨을 끊고 만다. 마치 이 세상이 갈 길을 먼저 가보려고 하듯이. 백이의 노래는 분노와 좌절과 안타까움과 막막함의 끝에서 겨우 길어 올린 한숨이었다. 이를 두고 공자는 이렇게 말했다.

"옛 악을 생각하지 않았으니, 그래서 원망이 거의 없었다(不念舊惡, 怨是用希)"

사마천은 공자의 평가에 동의하지 않았다. 백이는 분명히 원망하고 있었다. 자신을 알아주지 않던 세상에 대하여, 그 세상이 만나게 될 불행에 대해서 불안해하고 원통해하고 있었다. 그런데 공자는 태연하게 이렇게 말한다. 백이는 '구악(舊惡)'을 마음에 두지 않았다고 했다. 그래서 원망이 거의 없었다고 했다. '희(希)'는 드물다는 뜻이다. 즉 거의 없다는 것이다. '무(無)'보다는 약하지만, 경서에 사용될 경우엔 '무'와 거의 동의어로 사용된다. 공자의 말투 자체가 단정을 짓기보다는 우회적이고 간접적인 수사를 구사하였던 것을 생각하면, 충분히 이해될 일이다. 그럼, '구악'은 무엇일까? 누가 백이에게 악행을 저질렀을까? 고죽국의 사람들일까? 자신들을 후계자로 선정하지 않았던 아버지일까? 자신들이 떠나자 남은 형제를 왕으로 세웠던 백성들일까? 우리가 알 수 있는 정보로는 무왕의 전쟁을 막았을 때의 일과 관련된 것 이외에는 없다. 그럼, 백이는 무왕과 그를 따라 전쟁에 나섰던 사람들에게 어떤 악감정도 갖지 않았을까? 백이가 수양산에 들어가고, 저 폭력의 예언과 천명의 쇠약을 노래했던 것은 어떻게 이해할 것인가? 바로 이 지점에서 사마천과 공자의 판단이 갈린다. 사마천은 공자의 판단에 이의를 제기한다. 백이는 원망했고, 그래서 저 무섭도록 슬픈 노래를 불렀던 것이다. 여기까지가 사마천이 우리에게 주는 이야기이다. 이제 우리 스스로가 대답을 할 차례다. 백이는 원망했을까? 하지 않았을까?

공자의 불념(不念)
_원망으로부터의 이탈

　내가 생각하기에, 사마천은 팩트를 말했고, 공자는 희망을 이야기했다. 또한 사마천은 백이를 아름다운 문명을 일구고 싶었던 사람이요 끝내 폭력으로 점철될 미래를 예지한 사람으로 보았지만, 공자는 개인의 아픔과 상처를 극복한 사람으로 보았다. 처음 「백이열전」을 읽으면 사마천이 옳다고 생각되었지만, 다시 읽어보니 공자의 판단이 지혜로웠다는 생각이 든다. 공자도 백이가 품었던 원망을 알았을 것이다. 스스로 목숨을 끊는다는 것은 대단한 결심이 아니면 불가능한 일이다. 모질게 목숨을 끊을 정도로 절박했던 아픔, 막막했던 상처를 몰랐을리 없다. 그러나 그것을 어떻게 할 것인가? 그 상처와 아픔을 어떻게 받아들일 것인가? 상처를 상처로 받아들여서 끝내 후비고 생채기를 내어서 곪아 터지도록 할 것인가? 아니면 다른 방법을 취할 것인가? 참으로 어려운 일이요 쉽지 않은 일이다.

약간 이야기를 바꾸어 확증편향을 말해보자. 누군가를, 무엇인가를 원망하는 마음의 저변에 깔린 인간의 심리는 확증편향과 연결되어 있기 때문이다. 『한비자』에 이런 이야기가 전한다. 코끼리를 보지 못했던 사람들은 코끼리의 죽은 뼈를 보고 머릿속으로 코끼리의 모습을 생각하고 그려내었다. 너무도 기형적인 코를 가진 짐승을 제대로 그려낸 사람은 아무도 없었다. 다들 자신이 그린 코끼리가 진짜 코끼리라고 우길 뿐이었다. 이른바 '상상(想象)'이란 말의 유래로 알려져 있는 이야기지만, 나는 이를 확증편향의 우화로 읽는다.

확증편향, 쉽게 말하자면 '보고 싶은 것을 보고, 듣고 싶은 것을 듣는다.'는 것이다. 누구나 자신만의 인식 프레임을 갖고 있다. 원망의 프레임도 같은 방식으로 작동하곤 한다. 선천적으로 타고난 자질은 어찌할 수 없는 노릇이다. 그러나 이후 자신이 겪었던 학습과 경험을 통해 얻은 '프레임'은 하나의 세계관이자 가치관이요, 감정의 작동기전으로 나타나곤 한다. 그런 점에서 믿고 싶은 것을 믿는 것은 개인의 자유로운 선택이요, 누구도 훼손할 수 없는 고유의 심리라고 부를 수 있다.

그러나 그 개인적 심리로 인하여 타인의 존엄이 모독

을 당하고 파괴된다면 문제는 달라진다. 골방에서 혼자 좋아하는 것을 보든 말든, 이는 개인의 문제에 그치지만 간혹 제 3자의 자존을 훼손하거나 파괴한다면, 이는 사회적 문제가 된다. 마치 방안에서 혼자 술을 먹던 사람이 밖으로 나와 운전을 하다가 무고한 사람을 치어 죽이는 것과 같다. 즉 확증편향으로 인하여 타인의 인격을 모독하고 그의 자존을 파괴하는 것은 일종의 살해 행위가 되는 것이다. 이것은 특정한 사람이나 장소에서 일어나는 것이 아니다. 인간사 어디서든 벌어지곤 하는 일들이다. 확증편향에 사로잡힌 사람들과 그에 동조한 이들은 모두 이렇게 말하곤 한다. "인간의 심리가 다 그렇지 뭐!" 원망도 그러하다.

　이렇게 확증편향과 원망을 공유하며 하나의 무리가 된 그들은 자신을 합리화하고 자족한다. 이 순간, 지성을 그토록 찬양해 마지 않았던 우리의 이성은 마비되고 섬세한 감성도 무뎌지며, 어느새 '좋은 게 좋은 것이고 그냥 묻어두고 사는 거지.'라며 이익을 나눠 먹는 변태적 편안함 속에서 느긋함을 즐기게 된다. 하염없이 누군가를, 무언가를 원망하며 상대를 저주하거나 지독한 우울의 나락으로 자발적 낙하를 시도한다. 이제 우리는 그 편향된 심리를 정상으로 간주하며 아슬아슬한 활공을 시작한다.

언제 죽음의 선을 탈지 모르는 위태로운 비상을!

이를 통해 우리는 다섯 가지의 병증을 갖게 된다. 하나는 의심, 둘은 시기, 셋은 편견, 넷은 이간질, 다섯은 무기력. 모두 확증편향과 원망이 낳은 질병들이다. 그럼 치유는 가능한가? 모르겠다. 허나 생각나는 대로 당부의 말은 몇 가지 할 수 있을 듯하다. 첫째, 은밀한 단톡방을 삭제하라. 그곳은 관음적 페이크 뉴스의 배양소다. 둘째, 사실만을 말하고 들으라. 신뢰를 위한 최소한의 윤리다. 셋째 공부하고 연구하여 증명하라. 넷째, 속살대는 사람을 멀리하라. 정직하지 않은 사람이다. 다섯째, 단편적 지식을 믿지 말라. 여섯째, 손으로 기록하라. 기억은 불완전한 퍼즐이다. 일곱째, 인간의 선의를 존중하고 사랑하라. 이는 아주 중요하다. 어떤 행위를 한 누군가를 바라볼 때 감정적 분노를 터뜨리기에 앞서 그가 왜 그렇게 했을까를 생각하고 그에게 물으라. 여덟째, 타인의 불의에 성내되 그를 용서하라. 그가 내게 화해를 요청하지 않았어도 용서하라. 나를 분노의 프레임에 가두지 않기 위해서이다. 아홉째, 그리고 진심으로 나를 사랑하고 하염없이 나의 길을 가라. 아무 일도 없었던 것처럼. 그러면 된다. 참으로 쉽지 않은 일이다.

공자의 백이 평가는 바로 이곳에서 만난다. 공자는 백

이를 원망의 프레임 속에 가둬두고 싶지 않았다. 그가 보여준 아름다운 양보와 목숨을 건 충간, 정의롭지 않은 세상을 떠날 수 있는 용기와 끝내 타협하지 않은 채 지조를 죽음으로 지켜낸 의지를 원망이란 감정 속에서 읽히게 하고 싶지 않았다. 그래서 뜬금없이 '불념구악(不念舊惡)'이라고 말했다. 원망의 프레임에서 벗어나는 순간, 백이의 삶은 아주 아름다운 이상이 되었다. 그것이 팩트와 얼마나 거리가 있는지는 확인할 수 없다. 우리는 공자의 처리 방식에서 원망을 넘어서는 방법만을 볼 뿐이다. 그러면 그의 언명은 이렇게 다시 읽을 수 있다.

"옛 악을 염두에 두지 않는다면, 원망하는 마음이 이로써 거의 사라지게 되리라."

우리가 하루하루 살면서 원망하는 마음을 품지 않을 수 있다면 참으로 나 자신에게 행복한 일이 될 것이다. 그러나 더욱 중요한 것은 그 행복을 바탕으로 누군가를 아름답게 만들어줄 수 있는 여유를 가질 수 있다는 것이다. '불념(不念)'! 생각지 않다, 마음에 품지 않다는 뜻이다. 곧 마음먹기에 달려있다는 말이다. 백이의 삶을 통해 공자가 해석했던 방식은 우리가 원망의 프레임을 넘어설 수 있도록 흥미로운 시사점을 제공해 준다.

자, 한번 높은 산에 올라가 보자. 거의 산마루에 이르 렀을 때, 왼쪽은 구름이 끼어 있어서 아무것도 보이지 않 더니만, 오른쪽으로 고개를 돌리는 순간, 환히 개어서 산 아래가 뚜렷하게 눈 안에 들어오는 것을 경험하시리라. 바로 그 '고개 돌림', 즉 구악을 생각하지 않는 것, 그 순 간에 원망을 넘어설 수 있는 길이 열리지 않을까? 삶이 우리에게 주는 수많은 상처의 유리 조각들을 상처로 받 아들이면 아픔으로만 남게 된다. 그러나 그 유리 조각들 이 밝은 햇빛을 투과시키면 가우디의 파밀리아 대성당의 눈물겨운 스테인드글라스가 되기도 한다. 순간 우리는 아름다운 빛깔로 물들게 된다. 아, 무한한 감동이 우리를 휘감는다. 이제야 3천 년 전 백이, 2천 5백 년 전 공자, 2 천 년 전 사마천, 그리고 지금의 우리가 하나로 꿰어지는 느낌이다. 원망의 프레임을 벗어나는 순간 우리는 니원(泥 洹, 열반)에 이르리라.

3장

추모시, 치유로 읽히다
_김택영과 황현

치유적 독법과 내적 자정

시를 창작하고 읽는다는 것은 어떤 의미가 있을까? 내가 생각하기에, 시는 자기 내면을 응시하는 작업을 기획한다. 사실 시가 활용되는 측면은 다양할 수 있다. 각각의 국면에 따라서 각각의 용도에 따라서 활용될 수 있다. 혹자는 시를 일상의 적요(摘要)를 위해 일기로 적는 경우도 있고, 선전을 위해 써 붙이는 경우도 있으며, 입신을 위해 활용하는 경우도 있고, 교류를 위한 사교의 수단으로 과시하는 경우도 있다.

그런데 이런 목적성이 짙은 시들조차 시인의 내면에 즉하여 지어진 시들이며, 그들 사이에 약간의 농도나 밀도 상의 차이가 있을 뿐이다. 그래서 나는 '내면'에 주목한다. 하다못해 풍경을 그린 그림을 두고 쓴 시에서도 시인은 자신의 내면을 응시하지 않는 경우가 없다고 생각한다. 사실 시는 시인의 내면 그 자체로서, 우리가 시를 통해 확보할 수 있는 궁극의 모습은 시인의 내면에 지나지 않는다. 그 내면은 메시지일 수도 있고, 하나의 화면일 수도 있으며, 간혹 슬로건 없는 아우성일 때도 있다. 한시도 그러하다. 그런데 이들은 정감(혹은 감정, 정서, 마음)으로 둘러싸여 있다. 즉 시는 직관적으로 내면을 보여주진 않는다. 우리는 정감을 거쳐 시를 읽어낼 실마리를 확보할 수 있을 뿐이다.

옛사람이 언급했듯이, 시인은 불평(不平)한 상황에서 울며 말한다[鳴言]. 나는 이 부분에 주목한다. 마음이 평정을 이루지 못한 순간 그 상황을 '불평'으로 언명할 때, 이를 '상처'라고 부를 수 있다. 육안으로 확인할 수 있는 상처도 있을 것이고 그렇지 않은 상처도 있을 것이다. 누군가에게 모욕을 당하여 마음이 상하는 것도 있고, 스스로 자책이 깊어 내상을 입은 경우도 있다. 여하간 이런 불평한 상황을 불평으로 부를 수도 있고 상처로 부를 수도 있다.

이 상처를 다시 평정(平靜)의 상태로 되돌리기 위한 노력을 '내적 자정(自整)'이라고 할 때, 그 내적 자정을 이루는 순간을 '내적 치유'라고 부를 수 있을 듯하다. 그 내적 자정의 과정은 상처를 포용하여 희석화할 수 있기도 하고 거꾸로 육신마저 병든 채 지나갈 수도 있다. 어쩌면 원치 않았던 상처를 받아안을 수 있는 정신적 여유와 인내 능력을 확대하는 과정이 자정일지도 모르겠다. 독자로서 우리는 시의 겉으로 드러난 감정의 결을 따라서 그 근원적 성찰과 회복을 도모하는 수밖에 없을 듯하다. 그리하여 그 이면(시의 속살)에 놓인 상처와 작자의 치유 사이에 놓인 관계(방정식)를 찾고, 그 해결 혹은 해소의 노력을 읽어내는 것이 필요하리라. 나는 이런 독시(讀詩)를 치유적 독법으로 부른다.

이를 실천하기 위해 그냥 있는 그대로 읽기, 인상적(印象的) 읽기, 직관적 독해를 감행하는 전략을 취하고자 한다. 우리는 그간 시에 얽혀있는 수많은 관계를 의식했고, 그로부터 선취(先取)된 프레임으로 시를 보고 싶어 했다. 이것을 심리적 확증편향적 독법으로 부를 수 있으리라. 치유적 독법의 상대편이다. 어쩌면 우리의 독법은 이미 선취되어 내 안에 지층화된 선견(특히 고전은 그 지층이 강고하다. 길게는 수천 년, 짧아도 100년의 시간과 경험이 쌓여있다.)을 넘어서는 일이다. 아주 쉽게 말하자면, 원전에 들어있는 감정을 찬찬히 접근하고 원전의 결을 최대한 존중하며 '나'의 개입을 적절하게 자제하는 일이 될 것이다.

치유적 독법으로 읽는다는 것은 어떤 효능이 있을까.

무엇보다 자기 내면을 응시하고 읽어내고자 한다는 점을 들 수 있다. 즉 상처(좌절)로 요약되는 상황을 극복하기 위한 능동적 내적 대응을 읽을 수 있다는 점이다. 내가 순자의 능참(能參)을 적극 옹호하는 이유이기도 하다. 이를테면 노년의 쇠약한 시를 이해할 경우, 조상(凋傷)으로 읽지 않고, 노숙함에 의해 새롭게 전변된 평담으로 읽어낼 수 있는 것이다. 농(濃)에서 담(淡)으로, 염(艶)에서 평(平)으로, 진(進)에서 퇴(退)로 읽을 수 있으리라.

생각해 보면, 상처는 젊은 시절도 있고 좌절은 더욱더 많다. 고려의 이규보가 지은 〈북산잡제(北山雜題)〉나 천마산(天摩山)에서 지은 시를 보면 원숙미와 노숙함이 드러난다. 그가 백운거사(白雲居士)라는 자호를 쓴 것도 바로 이 즈음이었다. 그런데 더 놀라운 것은 이는 20대 중반 청년의 시였다. 시만 보면 노인인데, 실제는 세로(世路)에서 반강제적으로 비껴나 있던 혈기방장하던 시기였던 것이다. 이 지점에서 우리는 이규보의 감정적 성숙을 평가할 수 있다. 단, 그 감정의 진실성을 용인하는 선에서.

여하간, 우리는 이를 통해 시인을 하나의 인간으로 이해할 수 있는 길로 삼을 방법을 얻을 수 있다. 아울러 고전 속 인간 이해를 넘어, 현대 독자(연구자)들도 자신의 삶과 감정과 내면을 응시하고 상처를 치유할 수 있는 기회를 확보할 가능성을 가질 수 있으리라 기대한다. 한시를 옛사람들의 내면을 이해하는 텍스트로만 치부하지 않고, 그 독해과정을 통해 독자 자신의 상처를 같이 들춰내고 내적 자정을 도모하는 것이다. 시를 통한 감정의 조응과 동조를 통해 위로받는 것은 현대 시치료에서도 종종 검증되기도 한다. 한시도 마찬가지 효능을 기대할 수 있으리라 생각한다.

아울러 시의 연구 태도와 학자의 실제 삶이 일치하지 않는 경우를 간혹 보곤 했다. 이를테면 논지는 친자연적인데 삶은 친문명적인 경우들, 글은 친여성주의적인데 삶은 반여성주의인 경우들, 글은 호탕한데 삶은 치졸한 경우들, 학술적으로 진보를 말하면서 삶은 보수적인 경우들, 글은 동아시아적 시각을 이야기하되 삶은 민족지상주의의 가리마에 덧씌워진 경우들이 그러하다. 내가 보기에, 이는 고전 속 작품을 읽을 때에 그 사람과 작품을 별개로 이해한 결과가 아닐까 한다. 즉 치유적 독법은 고전작품을 읽는 것에 그치지 않고, 차후 현대 학자들의 삶과 글을 일치시키려는 태도까지 문제 제기할 수 있으리라.

우리는 이 작업을 위한 시론으로서, 창강(滄江) 김택영(金澤榮)이 매천(梅泉) 황현(黃玹)의 죽음에 헌정한 시 2제(題)를 읽어보도록 한다. 하나는 경술년 매천이 자진한 뒤에 그 소식을 듣고 지은 시이고, 다른 하나는 그로부터 1년이 지난 신해년 매천의 초기일(初忌日)에 지은 시이다. 앞의 시는 『소호당전집』(1926)까지 재록(載錄)되었지만, 뒤의 시는 『창강고』와 『소호당집』까지만 수록된 시이다. 창강이 훗날 문집을 재간하면서 후자를 산삭한 이유는 알기 어렵다. 문득 드는 생각으로는, 창강이 마음에 들지 않았을 터인데 여기서는 더 이상 논의하지 않는다. 시에 대한 논의는 창강의 감정을 찾아나가는 방식으로 읽어갈 것이다. 간혹 주관적이거나 인상적 논의까지 허용하고자 한다.

- 황매천이 순국했다는 소식을 듣고 짓다

<황매천이 순국했다는 소식을 듣고 짓다(聞黃梅泉殉信
作)>, 경술고(1908년)

> 〈맥수가〉 부른 뒤에 독 술잔 마시니
> 비바람 부는 오경이라 산도깨비 우누나
> 뉘 평소 가슴 속에 갈무리한 의리 알랴마는
> 이미 소리 높여 열 수의 시 읊었다오.
> 麥秀歌終引酖卮　　五更風雨泣山魈
> 誰知素定胸中義　　已在嘐嘐十詠時
> <제1수>

　　이 시는 하나의 제목 아래 모두 4수로 이뤄진 연작시이
다. 이 가운데 세 수만 들어본다. (제3수만 논의하지 않는다.) 그 가
운데 첫 번째 시이다. 제1~2구는 흡사 매천의 〈절명사(絶
命詞)〉를 떠올리게 한다. 음울하기 짝이 없다. 한동안 자
진(自盡)을 망설이며 독잔을 입에 떼었다 붙였다를 반복했
을 매천의 마음을 '오경(五更)'이란 시간으로 명쾌하게 제
시했다. 창강이 지은 〈황현전(黃玹傳)〉에도 이 기사는 나온
다. 지금 생각해 보니, 이 모습은 창강의 상상일 듯하다.
그 자신이 직접 본 적이 없을 테고, 매천의 가족들도 그

3장 추모시, 세우고 맺하다_김택영과 황현

의 최후를 추측했을 뿐 목격하진 못했을 것이기 때문이다. 이 장면은 매천이 나약하면서도 그 나약함을 이겨내는 의지적 인간임을, 그처럼 인간적 면모를 갖춘 사람임을 보여준다. 이런 매천이 삶을 마감했다. 그 장면을 몰아치는 비바람과 어디선가 들려오는 귀신의 호곡소리로 대변했다. 매천의 죽음을 들은 창강의 심사는 덜컹 내려앉고 말았던 것이다.

시 전체는 매천의 순국 장면을 떠올리며 지었지만, 거기에 창강은 자신의 모습을 츤대(襯對)해 놓았다. 맥수가를 부르고 독잔을 마시는 것은 매천이지만, 창강은 마치 빙의한 듯이 자신이 부르듯이 투영한 것이다. 아무도 알아주진 않았을 매천의 '흉중의(胸中義)'였다. 이것은 창강도 마찬가지였다. 언젠가 나는 창강을 처음 공부한 결과를 학계에 내놓았을 때, 혹자로부터 굳이 망명자, 조국을 떠난 자를 연구하는 것이 무슨 의미가 있겠냐는 질문을 받았다. 그때 나는 망명자의 문학도 한국문학의 범주에 들어간다고 얼버무렸었다. 그런데 이 시를 읽어보면, 창강이 가진 조국애에 대하여 의심할 이유는 없을 듯하다. 진즉에 창강의 마음까지 알았더라면, 창강이 가진 의리는 매천의 것과 동일하며 그 때문에 그의 시문을 공부하는 것이고, 만일 공부하지 않는다면 우리 문학사에서 매천

을 삭제하는 일과 같을 것입니다, 라고 이렇게 강변했을
지도 모르겠다.

창강은 매천이 갖고 있는 의리를 알아주지 않는 세상
에 대한 분노를 담아놓았다. 그렇지만 겉으로 화를 내진
않는다. 의리를 갖는 것은 나에게 달려 있는 일이지 남에
게 달려 있는 일이 아니지 않은가. 그런데 '교교(曒曒)'라는
말을 이해하기 어려웠다. 흔히 요란하게, 시끄럽게라는
뜻으로 쓰이며, 이른바 조용하고 고상한 선비의 말하는
모습은 아니었기 때문이다. 허나 과연 의리를 지녔던 자
신들과 같은 사람이 '교교(曒曒)'하지 않는다면 누가 알아주
겠는가? 아니 돌아보기라고 할 것인가? 흡사 인정투쟁과
도 같은 절실한 몸부림과 외침이 아니라면, 의(義)는 그저
흉중(胸中)에 갇힌 채 끝나버릴지도 모른다. 창강은 매천에
게서 절실한 의리지사의 모습을 읽고 있다. 자신도 그러
하다는 강변을 그 안에 감춘 채로! 이처럼 치유적 독법은
시를 통해 작시자의 내면을 되짚기도 한다. 시의 대상도
마음으로 읽어야 하고, 시를 지은 자의 마음도 차근하게
읽어내야 한다.

> 뉘 다시 문단의 참 인재런가
> 둥근 달은 빛을 잃고 북두성도 자루 꺾였네

아는가 모르는가, 그대의 지음이 혼자 남아

푸른 단풍나무 강가에서 자네 넋을 바라보는 것을.

詞垣誰復是眞才　璧月無光斗柄摧

知否賞音人獨在　靑楓江畔望魂來

〈제2수〉

제1수가 매천의 조국애와 절조를 노래했다면, 제2수는 사원(詞垣)의 진재(眞才)로서 위상을 거론하고 있다. 이 또한 속내는 자신도 그러함을 살짝 담아둔 것으로 보인다. 매천과 창강은 어느새 한 몸이 되어서 죽음과 삶을 공유하고 있는 것이다. 빛을 잃은 달, 자루가 꺾인 북두성, 있어도 존재하지 않는 존재들! 삶과 죽음이 엉켜버린 상황들! 우리는 이 부분에서 창강의 마음이 뒤숭숭하고 정돈되지 않음을 읽을 수 있다.

앞서 제1수에서 아무도 알아주지 않는 의리를 지닌 매천을 애처로워했었다. 그나마 매천을 알아주는 사람, 상음인(賞音人)인 창강은 멀리서 그의 넋을 기다리고 있을 뿐이다. 허나 이미 망자가 되어버린 매천은 이 사실을 알지 못하는 상황, 이 상황이 주는 슬픔을 '지부(知否)'라고 탄성을 지르며 표현하고 있다. 가볍게 던져진 듯한 반어적 탄사에는 창강이 부인하고 싶은 현실에 대한 두려움까지 담아 놓았다.

혹시 망자의 넋을 기다리는 사람을 본 적이 있는가? 멍하고 퀭한 눈, 응시하되 대상이 들어오지 않는 텅 빈 눈, 기다려도 오지 않을 사람을 기다리는 심정, 끝내 해결되지 않을 상처를 안고 살아야 할 허전하고 아쉬운 상황! 특별하게 어떤 원치 않은 자극이 외부로부터 위협해서가 아니다. 원래 내 안에 있던 것이 빠져나간 상황에서의 허전과 공백이 덜컥 안겨주는 두려움이었다. 창강은 이제 두렵다. 어떻게 살아야 할 것인가. 결국 오지 않을 사람. 그래서 제1구의 진재(眞才) 운운은 상투적으로 보인다. 시는 전체적으로 매천을 말하는 듯하지만 어느새 창강은 자신의 불안을 소환하고 있었던 것이다.

자주자주 길 물으며 편지를 보내며
작은 배로 조만간 오송에 이를 듯하더니
가련타, 나와 같이 회남으로 오려던 마음이
도리어 서산의 두 사람을 좇았구려

問路頻煩折簡中　扁舟早晚到吳淞
可憐從我淮南意　却向西山二子從

〈제4수〉

이 시에서 문로(問路)하는 주체는 매천이다. 매천은 창강과 같이 중국으로 떠나오고 싶었다. 그러나 결국 그렇게 되지 못했고, 그 아쉬움을 편지나 시로 주고받은 바 있었다. 제2구의 '조만(早晚)'이라고 했으니, 얼마 지나지 않아 원하는 일을 이룰 것으로 기대했었음을 알 수 있다. 뭔가 기다리는 사람의 조바심이 담겨있는 구절이다. 기다림은 시간적으로 가까워질수록 그 농도가 진해지고 깊이도 더욱 사무쳐지는 법이다.

제4구의 '가련(可憐)'을 주목할 필요가 있다. 이 두 자 안에 매천에 대한 창강의 마음이 잘 요약되어 있다. 서산에서 죽어간 백이(伯夷) 숙제(叔齊)와 같은 삶으로 마감하였지만, 매천의 속내는 나, 창강과 같이 회남으로 오는 것이었다. 하지만 노력했건만 허사로 끝나고 만 회남행, 그것을 바라보는 창강의 애틋함이 묻어나오지만 동시에 자신에 대한 안타까움도 배어 있다. 즉 창강 자신도 매천과 '같이' 이곳 낯선 땅에서 지내고 싶었던 것이다. 결국 이루지 못한 꿈, 스러져 버린 작은 바람들, 그것조차 허용하지 않은 세상에 대한 분노가 드러난다.

창강은 매천을 통해 자신을 읽고 있었다. 자신의 속마음이 어떠했는지를 들여다보기 시작한 것이다. 제1수의 절조에의 열망, 제2수의 그리움, 제4수의 함께 하고 싶은 마음은, 사실 자신의 이야기일지도 모른다. 작품 속 감정의 선을 따라 읽는 과정은 시인의 감정을 좇아가는 일이기도 하다. 그 종국처가 무엇이 될지는 알 수 없지만, 우리는 이 과정에서 시인이 자신의 아픔 혹은 상처(혹은 상처로 불리진 않아도, 맞닥뜨린 난관)를 스스로 치유하는 모습을 확인하게 된다. 더러는 분노로, 더러는 아쉬움으로, 더러는 그리움으로, 더러는 속울음으로, 더러는 고요히, 어떤 방식으로든 자정(自整)하고 있는 것이다.

- 황매천의 첫 기일에 짓다

<황매천의 첫 기일에 짓다(黃梅泉初忌日作)>, 신해고
(1909년)

오늘 저녁은 어느 저녁인가
나의 벗이 순국한 지 한 돓이라
큰 탁자에 제기 벌여놓고
서럽도록 제아(弟兒)는 통곡하리
그대의 뱃속 흙이 된 지 오래라
어이 배불리 드실 수 있으리오
게다가 적룡의 수레를 되돌려서
나를 찾아 장강 가로 오리오
나 이미 그대의 전기(傳記)를 짓고
다시 그대의 상찬(像贊)도 썼다오
내친김에 다시 붓을 적셔서
문장과 시를 뽑아놓았네
천추의 이 일일랑
득실은 터럭 한 끝에서 다툴지니
쉽다면 더러 아이도 이해할 수 있고
어렵다면 또한 성인도 의문 품으리니
어찌 감히 혹여 스스로 게을리하여

그대의 크나큰 지음을 저버리리오

간행은 정녕 그대의 아우와

같이 판목에 새길 것이요

하여 그대의 당당(堂堂)한 절개와 함께

전해져 밝은 태양과 짝지되게 하리라

이 시가 비록 자못 속되지만

내 마음은 이와 같다네.

今夕是何夕	吾友殉國期
大卓列籩豆	哀哀哭弟兒
君肚久化土	安能飽飫爲
且旋赤龍駕	訪我長江湄
吾已作君傳	又作像贊辭
因又濡其筆	選拔文與詩
千秋此一事	得失爭毫釐
易或童能解	難也聖猶疑
曷敢或自怠	負君大相知
行當與君弟	共圖劂棗梨
俾與堂堂節	流傳配赫曦
是詩雖甚俚	是心有如斯

이 시는 장편의 시이다. 하나의 서사를 구성하고 있는
바, 앞의 시와 달리 구구절절 창강 자신의 속내를 여과없

이 토로해내고 있다. 시를 읽다가 먼저 눈에 뜨인 부분이 마지막에서 자신의 시를 '리(俚)'하다고 한 점이다. '리'는 속되다, 비속하다, 평범하다는 뜻으로 새겨지는 한자이다. 즉 고상한 이념이나 거룩한 이상과는 거리가 있다. 그런데 이 점이 중요하다. 오히려 어떤 슬로건에 가려지지 않은 진심이 드러나 보이기 때문이다. 창강이 생각하기에, 죽은 친구를 위해 해줄 수 있는 것이라곤 그의 삶을 정리해 주고 시문을 모아서 책으로 남겨, 그가 세상에 잊히지 않기를 도모하는 것일 뿐이었다. 이것이 낯선 땅에서 편집일을 하고 있던 그가 해줄 수 있는 '모든 것'이리라. 당시 그는 중국 남통으로 건너가서 한묵림인서국에서 책을 편집하여 살아가고 있었다. 그런데 찬찬히 생각해 보면, 망자에 대한 기억을 자신만의 기억에 머물지 않도록 하고 끝내 사회적 기억으로 남겨지도록 만드는 것만큼 고귀한 추모가 어디 있을까 싶다. 누구나 죽음은 같은 죽음일 터인데, 창강은 사회적 죽음의 가치에 더 눈이 가 있었던 듯하다. '통곡(痛哭)'은 매천의 가족들인 제아의 몫이고, '유필(濡筆)'은 벗인 자신의 몫임을 자각한 창강의 마음이 갸륵하게 보인다. 한 번 더 시를 찬찬히 읽어보자.

　이 시는 모두 3단으로 구성된다. 제1단은 6구까지이다.

'하석(何夕)' 운운하며 매천의 기일임을 환기하고 있다. 문제는 그 죽음의 위상이다. 개인적인 결단을 따라 삶을 마감했지만 그것이 '순국(殉國)'임을 밝혀서 죽음의 의미를 사회적, 국가적으로 비장하게 추어올리고 있다. '순국'이기에, 제2단(7-20구)에서 창강이 매천에 대하여 바치는 '입전(立傳)', '상찬사(像贊辭)', '선발문여시(選拔文與詩)'가 정당성을 갖는다. 개인적 호오(好惡)에서 비롯된 것이 아니라는 말이다.

사실 2단은 다소 뜬금없기도 하다. 망자의 초기일에 이런 작업을 하고 있으니, 나를 알아봐 달라는 듯하기 때문이다. 그러나 창강이 가장 잘하는 것이 편간(編刊)이었다는 점을 생각하면, 창강은 매천을 위해서 자신이 할 수 있는 최선의 일을 도모하고 있음을 알 수 있다. 기일(忌日)에 누군가를 떠올리고 기리는 것은 당연지사지만, 이처럼 그를 위해 편간을 진행하고 있음을 보고하는 듯한 고백은 흔치 않다. 이미 망자의 육신도 화토(化土)로 되었고, 넋조차 멀리 타국으로 올 수도 없음에랴. 망자가 알아주지 않을 듯한 창강의 작업은 부질없는 일일지도 모른다. 그러나 이 편간은 자신의 슬픔을 치유하는 과정이었다. 망자의 삶을 되짚고, 그의 상찬(像贊)을 지으며, 그가 지은 시문을 다시 정리하는 사이에 망자에 대한 기억을 정리하고 있었다. 정리(整理)는 감정의 자정(自整) 과정이다.

창강은 자신의 행위가 매천의 당당절(堂堂節)을 세상에 유전하기 위한 것임을 밝혔다. 이 시는 한없이 느슨하게 풀어져서, 시적 함축이나 여운은 그다지 느껴지지 않는다. 시경의 부체(賦體) 성격이 강하다. 이처럼 속내가 훤히 드러나 보이는 시를 창강은 '리(俚)'하다고 했다. 앞서 거론한 바 있다. 즉 이 시는 평범하기 짝이 없다는 겸사이다. 그렇지만 그가 '시심유여사(是心有如斯)'라 했듯이, 거기에 자신의 마음이 들어있었다. 어쩌면 창강은 의도적으로 이렇게 표현한 것은 아닐까.

내가 보기에, 이 시는 의도적으로 그런 것은 아니다. 작자의 마음이 흘러가는 대로, 하고 싶은 말을 특별히 누군가를 의식하지 않고, 형식도 애써 고민하지 않고 써 내려간 것이다. 아니, 시를 보면 노력한 흔적은 있다. '갈감혹자태(曷敢或自怠), 부군대상지(負君大相知)'라 하여, 매천을 위해 태만할 수 없다는 뜻을 내비치고 있다. 창강은 참 부지런한 사람이었다. 또한 치밀한 기획자이기도 했다. 특히 을사년 같이 떠나기로 했다가 결국 혼자만 떠나오게 된 처지, 그래도 서로 편지로 왕래하며 서로를 그리워하고 있었던 차였다. 이제 나만 남은 상황, 외롭다. 그렇지만 남아 있는 내가 할 수 있는 최고의 선물, 최선의 애도를 표하는 것이 마땅하다고 생각하고 있었다. 그러고 보니, 제사상 앞에서 통곡하던 이가 비유와 상징을 함축적으로 휘두르는 모습은 어울리지 않는다. 오히려 이처럼 느슨하게 속내를 토로하는 것이 적절하다. 이 시는 창강의 인간됨을 여실히 보여주는, 자신의 '시심(是心)'에 충실한 시인 것이다.

2.

가족에 대한 시로 나를 위로 받다

　'시를 시로 본다.'는 것은 무엇일까. 사람을 '있는 그대로' 본다는 것은 가능한 것일까. 우리가 좌정관천(坐井觀天)의 처지에 불과하다는 점을 생각하자. 과연 우리는 그의 시를 보면서, 그것으로 사람을 얼마나 이해하고 있었을까? 그러나 한가닥 기대가 있다면, 이 과정에서 우리는 이제까지와는 달리 누군가에 대하여, 그리고 시에 대하여 어떤 잣대에 맞추어 '심판'하거나 '판단'을 내리는 일은 회피하는 것이었다. 사실 이것을 기대하면서 치유적 독법을 시도하였다. 프레임에 앞서는 시(사실 시인, 사람)의 존재를 생각하였던 것이다. 일도양단, 명확하고 섬칫하다. 사람의 감성과 내면은 그처럼 또렷하게 갈라지지 않기 때문이다. 시의 메시지 역시 그러하다. 그래서 보는 눈에 따라, 보는 시기에 따라, 그때마다 다른 얼굴을 보여주는 게 시이다. 나는 고전작품이 대부분 그러하다고 생각한다. 적어도 누구나 인정하는 고전들은 그러하다고 생각한다. 하나를 고집하는 편집(偏執)을 벗어날 때, 고전도, 시도, 사람도 자신의 은밀한 내면을 보여주지 않을까. 우리가 고전을 공부하는 이유를 다시 생각해 본다.

끝으로, 창강이 아내에 대해 가진 고마움과 아이에게 보여준 애틋함을 읽을 수 있는 시를 두 수 소개하고 마무리를 짓는다. 이 시들도 『창강고』와 『소호당집』까지만 실려있다. 역시 왜 이 시들을 이후 재록하지 않았는지 모르겠다. 창강은 나이를 먹어가면서 원래 지었던 작품을 개수하거나 산삭하였다. 그때마다 이유가 있을 것이다. 지금은 마찬가지로 논하지 않는다. 우리는 이 시 속에서 가난한 이국에서의 우거(寓居)살이에서도 누군가에 대한 고마운 마음을 잃지 않았던, 그리고 가족에 대하여 진심으로 다가섰던, 따스한 심성의 창강을 읽을 수 있다. 매천에게 헌정된 그립거나 아쉽거나 허전한 마음과 같이 읽으면 창강의 인간됨을 짐작할 수 있으리라 본다. 나는 그가 인문적 소양을 바탕으로 인간으로서의 다양한 심성을 소유했던 분으로서 기억될 수 있기를 기대해 본다. 여기서 시에 대한 해설은 붙이지 않지만, 각 시마다 하단, 즉 제3-4구에 보이는 말투와 그로부터 연상되는 풍경은 대단히 인상적이다. 창강은 가족에게 주는 시를 통해 자신의 허전함과 두려움을 위로받고 있었으리라.

천고 진나라 누각에 신선이 있다 말하지만

진짜 신선은 푸른 하늘에 있다 하리

세상의 부부간 일을 점검해 보니

마음 같이하는 일이 으뜸가는 선연(仙緣)이라네.

秦樓千古說神仙　可有仙眞在碧天

點檢人間夫婦事　同心第一是仙緣

〈아내에게 주다(贈內)〉

손수 남은 낱알 훑어 닭 모이 주고

다시 책상 위 책을 잠시 읽을 때였지

아이가 잠에서 깨어 다시 안겨오자

주렴 가득 계화나무 향기가 짙을시고.

手將殘粒飼雞兒　更把床書小閱時

稚子睡醒還復着　一簾香重桂花枝

〈이른 아침 일어나서(早起)〉

4장

—

정몽주의 눈물을
갈무리하다
_『포은시고』

고서, 암호 같은 책

오래된 책, 뭔가 접근하기 어려운 책, 낡은 책, 한문으로 이뤄진 암호와 같은 책들, 서가 어딘가 가지런히 꽂혀있지만 꺼내 들기에 두려운 책들! 고서(古書)를 보면 직관적으로 떠오르는 생각들이다. 그러나 그 안에도 사람이 들어있다. 난(蘭)의 향낭(香囊)처럼, 그윽하고 매력 있는 향기를 담고 있었다. 우리는 이제 그 향기를 따라가려고 한다. 향기를 탐낼[貪] 뿐이지, 굳이 무엇인가를 찾으려[探]하지는 않으련다.

『포은시고(圃隱詩藁)』는 고려후기 문인이었던 포은(圃隱) 정몽주(鄭夢周)의 시문집이다. 흔히 선죽교에서 비참하게 죽음을 맞이했던 인물로 알려진 그는, 고려가 마지막 생명을 유지하도록 버텨주었던 인물이었다. 나는 그가 살았던 개성의 집을 방문했던 적이 있었다. 개성은 선부의 고향이었다. 선부는 개성을 이야기할 때면 환하게 미소 짓고는 했었다. 내가 개성을 수도로 하는 고려를 공부 시작점으로 잡았던 것이나, 어느새 개성의 기구(耆舊)들에 대한 기록을 사마천처럼 수행했던 김택영을 공부했던 일, 그리고 근래 어떤 연유로 포은시고를 다시 들추게 될 것은 마치 미리 기약된 것처럼 맞아떨어진다. 공부는 운명처럼 다가오는 듯하다. 덕분에 나는 개성관광이 가능했던 즈음, 두 차례 다녀올 기회가 있었고, 그 가운데 한번은 선부를 모시고 찾아가기도 했었다. 차창으로 저 언덕 너머, '탄동리연쇄점'(특이하게도 그날 보았던 유일한 간판 글씨였다. 지금도 있는지는 모르겠다.)을 건너가면 당신이 살았던 진봉산 자락이라며 나를 보며 환히 웃던 모습이 지금도 생각난다.

포은이 살았던 집은 조선시대에 숭양서원(崧陽書院)으로 바뀌어 추모와 교육을 담당하였었다. 그 집으로 들어가는 길의 우측 나지막한 산비탈에 이름 모를 비석들이 띄엄띄엄 서 있고, 대문의 앞쪽으로 저만치에 개울물이 흐르고 있다. 그 개울을 건너면 돌거북의 위로 비각이 서 있다. 그곳을 건너는 다리가 선죽교이다. 선부는 그곳이 당신의 놀이터였다고 하였다. 선지교라고도 불렸던 이 다리에는 지금도 포은이 흘렸다는 핏자국이 남아있다. 나도 그 붉은 자욱을 보았다. 이제 그 자욱에 배어 있는 붉은 마음을 읽어보도록 하자. 몇 수 되지 않는 시 속에서 포은의 눈물 자욱을 만날 수 있으리라.

2.

설렘

_아마도 풀싹들이 많이 돋았을거야

봄비는 가늘어서 방울지지 않더니

한밤중 자그마히 소리가 들리네

눈 다 녹아 남쪽 시내에 물이 불어날 터

얼마나 풀싹들이 돋아났으려나

春雨細不滴　夜中微有聲

雪盡南溪漲　多少草芽生

〈봄(春)〉

봄비는 방울지지 않는다. 가랑가랑 내리는 비는, 너무도 미약하여 무겁게 떨어지지 않는다. 봄비는 있는 듯 없는 듯이 살포시 내려오기에 소리조차 들릴 듯 말 듯하다. 제2구의 '미(微)'는 본래 상형자이다. 나이 든 사람을 몽둥이로 때려서 죽인다는 험악한 뜻을 갖고 있는 글자이다. 옛날 생산이 넉넉하게 이뤄지지 않았던 시대에는 갓 태어난 아이들을 위하여 강제로 어른들의 퇴출을 요구하기도 했었다. 윤리의식이 생기면서 이런 행위가 옳지 않음을 알았지만, 사회적 생산력의 제약으로 여전히 자행되었다. 이런 행위는 남몰래 조용히, 소리소문 없이 이뤄졌고, 아주 미미한 행위로 평가되었다. 이로부터 '미(微)'는 남몰래, 은근히, 보이지 않게, 소리도 없는 모양을 뜻하였다. '미유성(微有聲)'은 그처럼 아주 자그마하게, 들릴 듯 말 듯 소리가 난다는 것이다. 그런데 이런 소리는 주위가 아주 조용해야 들리며, 이 소리를 듣는 사람도 한껏 귀 기울여야 가능하다. 그래서 방울지지 않는 봄비는 그저 풍경만을 그리지 않는다. 지금 이 순간, 지극히 고요하고 참으로 예민해진 상황을 보여준다.

제3구와 제4구는 시인의 상상이다. 감각이 가장 집중되는 순간, 새로운 상상이 시작된다. 상상은 눈에 보이지 않는 것을 보도록 하는 초월의 능력이다. 어쩌면 인간만이 가진 능력일지도 모르겠다. 상상을 통하여 시인은 벽너머, 외부의 세계를 떠올린다. 봄비가 내리는 밤, 아마도 밤이 끝나고 아침이 되면 봄기운에 녹은 눈들이 남쪽 개울물이 되어 불어나 흐르리라. 그뿐 아니라, 비를 맞아 싹이 돋아난 풀들도 눈 안으로 들어오리라. 개울물의 수직적 상승과 들판 풀싹의 수평적 확장이 교차하면서 하나의 신세계를 구성하고 있다. 봄이 가져온 생명력은 여름의 거세고 오랜 소나기와 달리, 있는 듯 없는 듯, 보이는 듯 보이지 않는 듯, 차분하게 퍼져나간다. 이 순간, 시인은 뜻밖의 선물들에 흔들리는 자신을 바라보며 천천히 설렘에 물들어간다. 그 설렘은 세차지 않고, 조용히 사랑하는 감정처럼 번져오는데, 상상의 빛깔도 그렇게 미미한 것이 아닐른지. 갑작스런 변화는 오히려 두려움을 안겨줄 뿐이기 때문이다.

3.

차분함

_내면을 살릴 것인가, 죽일 것인가

> 마음을 예쁘게 쓰려고 집중하면 도리어 산만해지고
> 기운을 좌우로 마음껏 내지르려면 더욱 비뚤어지네
> 양끝에 떨어지지 않는 것이 묘결이라고 전해오나니
> 붓끝에서 살아있는 용과 뱀같은 글씨가 나오리로다
> 心專妍好翻成惑　氣欲縱橫更入邪
> 不落兩邊傳妙訣　毫端寫出活龍蛇
>
> 〈글씨(寫字)〉

한번 물어보자. 애써 마음을 모아서 잘하려다가 되레 낭패를 본 적은 없었는가? 아니면 있는 기운을 자연스레 쏟아내었는데 끝내 어긋난 경험은 없었는가? 전자는 '전심(專心)'에 치우쳐서 산만해진 것이고, 후자는 욕기(欲氣)하려고 욕심을 부리다가 바른 자세를 잃어버린 것이리라. 마음을 모으고 기를 부리는 것이 잘못된 것은 아니다. 그것이 극단에 치우쳐서 중도를 잃을까 걱정한 것이다. 즉

전심하되 '성혹(成惑)'으로 흐르지 않도록 주의할 것이요, 욕기하되 '입사(入邪)'로 빠지지 않도록 조심할 것이었다. '혹(惑)'은 미혹되다, 헷갈리다, 산만하다는 뜻이고, '사(邪)'는 비뚤어지다, 똑바르지 않다, 어긋나다는 뜻이다. 모두 집중과 종횡의 사이에서 조심해야 하는 상황을 일러준다.

　내면이 잘 드러나는 것으로 글씨만 한 것이 없다. 겉모습을 장식하거나 집물을 고급스럽게 갖추는 것과 내면의 아름다움이 별개임은 익히 알고 있지 않은가? 저들은 내면과는 무관하다. 대개 재물과 권력을 표징하는 도구일 뿐이다. 물론 장식이 내면을 보완해 주기도 하지만, 더욱 근본적인 것은 내면이다. 그 내면이 어떤 모습이어야 적절한 것일까? 시인은 제4구에 그 모습을 그려놓았다. 바로 '활용사(活龍蛇)'가 그것이다. 나는 특히 '활(活)'에 주목한다. 아무리 화려하게 치장을 하고 있어도, 그 사람이 추레한 것은 바로 장식이 내면을 죽였기(死) 때문이다. 제4구의 '활(活)'은, 그 이면에 '사(死)'를 담아두었다고 하겠다. 그러고 보니 이 시는 대단히 심각한 이야기를 하고 있다. 그저 글씨를 어떻게 쓸 것인가를 말하는가 했는데, 그것이 아니었다. 내면을 살아있도록 만들 것인가? 아니면 죽게 내버려 둘 것인가? 그 요결을 살펴보면, 마음을 모으고 기운을 부리되 극단에 치우치지 않도록 만들어야 가능한 일이다. 허나 글씨만이 내면의 표현일까? 말투도 몸가짐도 그러하다. 차분하게 마음과 기운을 가져볼 일이다.

4.

아쉬움

_산과 물은 옛날과 지금이 같은데

> 첨성대는 반월성 가운데 우뚝 서 있고
>
> 옥피리 소리는 만고의 바람을 머금었네
>
> 문물은 시절을 따르기에, 신라와 다르건만
>
> 아아! 산과 물은 옛날과 지금이 같을시고
>
> 瞻星臺兀月城中　　玉笛聲含萬古風
>
> 文物隨時羅代異　　鳴呼山水古今同
>
> 〈첨성대(瞻星臺)〉

옛사람들은 하늘을 통해 세상을 이해했다. 하늘은 언제 어디서나 나의 머리 위에 있었다. 비록 비가 오거나 눈이 내리며 하늘이 흐린 적도 있었지만, 그것조차 하늘이 가진 얼굴의 하나였을 뿐, 하늘이 아닌 적은 없었다. 이처럼 항상(恒常) 존재하는 곳을 바라보았던 장소가 '첨성대(瞻星臺)'였다. 첨성대는 사람을 겸손하게 만드는 곳이기도 했다. 나보다 높은 곳에 있는 하늘을 살펴보는 것은 그 자체로 나의 존재가 아래에 있음을 확인하는 행위였기 때문이다. 옛사람들은 이 우주가 세 가지로 구성되었다고 생각했다. 하늘과 땅, 그리고 사람으로서, 이것을 삼재(三才)라고 불렀다. 이들은 각각 아름다운 무늬를 이루는데, 하늘을 해와 달과 별로 아로새긴 것을 천문(天文)으로, 땅을 산과 골짜기와 들과 길로 수놓은 것을 지문(地文)으로, 사람을 생각과 행위와 말로 아름답게 만든 것을 인문(人文)으로 부른다. 어쩌면 땅으로부터 하늘을 향해 솟아 있고, 그곳에 사람이 서 있었던 첨성대는 바로 천지인(天地人) 삼재가 통합되어 있음을 표상하리라. 옛사람은 그곳에서 시간과 공간의 변화와 불변을 읽고 이해했던 것이다.

제3구와 제4구에서 시간의 추이, 문물의 변화, 산수의 불변을 말하는 것은 바로 이 때문이다. 그래서 이 시를 "산천은 의구한데 인걸은 간 데 없네."라는 넋두리로만 해석되어서는 곤란하다. 탄식의 저편에 세상의 변화를 감지한 시인의 감각을 들여다볼 필요가 있는 것이다. 시인은 본래 변화에 민감하다. 아니 민감해야 시를 쓸 수 있다. 민감한 감각으로 포착된 세상에 대하여, 시인은 말로 더 이상 표현할 수 없었다. 하늘과 땅과 인간이 합일되어 변화를 만들어낸 세상에 대하여 그가 터뜨릴 수 있는 것은 그저 '아아!'라는 두 마디일 뿐이었다. 제4구의

'오호(嗚呼)'가 그것이다. 탄사 속의 아쉬움을 읽는 것은 놓쳐서는 안 되는 의미의 덤이기도 하다. 산도 물도 옛날과 같은데, 사람은 변하였다니! 인심의 변화는 세상사의 이치일른지도 모른다.

기대와 바람

_부지런히 노력하여야 할지니

사나이는 자신 운명을 하늘에 맡겼나니

가을바람에 필마 타고 한강에 이르렀구나

공업 이루려면 반드시 부지런히 노력할 것이라

푸른 등불이 참 좋게도 서창을 비추는구나

男兒有命信蒼蒼　匹馬秋風到漢江

事業必須勤着力　靑燈正好照書窓

〈송인(送人)〉

　　공부하는 젊은이들에게 권장되는 덕목에 '사방지(四方志)'
라는 있었다. 으레 남아라면 천하에 대한 경륜을 자신의
뜻 안에 담아두라는 것이었다. 흔히 과거를 보는 사람들
이 갖추어야 할 덕목으로 간주되곤 하였다. 젊을 때 공부
를 하고 때가 되면 벼슬을 하며 세상에 대해 주체로 맞서
는 것은 그럴 듯한 일이었다. 시 속의 주인공인 '남아(男兒)'
는 하늘에 운명을 맡긴 채 단기필마로 길을 나섰다. 그를

지금 시인은 떠나보내고 있다. 그는 이제 나와 헤어져 남쪽으로 말을 달려서 강에 이를 것이다. 시인은 그런 그에게 무엇이라 말해줄 것인가?

제3구에서 '근착력(勤着力)'이라고 하여 부지런히 노력할 것을 요구한다. 포은은 새로운 학문이 나타나면 부지런히 공부하고, 또 공부하며 안목을 넓히고 생각의 근육을 쌓아갔을 뿐이다. 당시 고려를 위해서든, 아니면 고려와 다른 세상을 꿈꾸었던 사람이든, 모두 공부를 부지런히 했다. 그것만이 이들의 미래를 보장해 주리라 믿었다. 이른바 신흥사대부로 불렸던 이들이 갖고 있는 미덕이다.

제3구는 교술적으로 시의 주제를 드러낸 것이라면, 제4구는 형상적으로 주제를 보여준다. '청등(青燈)'은 푸른 비단으로 감싼 등불이다. 그 등불 빛이 공부하는 '서창(書窓)'을 비추고 있다. 그런데 그 모습이 '정호(正好)'하다고 했다. 참 좋았다는 뜻이다. 사실 '정호(正好)'는 좋다는 평가어라기 보다는 마침, 그 순간, 바로의 뜻이다. 등불과 서창이 만나는 순간을 포착한 것인데, 의역을 하여 '참 좋게도'라고 번역하였다. 글자의 뜻을 살려주기 위해서였다.

특별히 금수저로 태어나지 않은 우리가 할 수 있는 유

일한 일은 공부요, 그것을 통해 세상을 경륜하고자 하는 것은 자연스러운 일이다. 누군가를 떠나보내면서 지어준 시이지만, 한편으로 자신에 대한 다짐이기도 했다. 공부로 다져진 저들이 말을 타고 기운차게 다가오는 기운이 느껴지지 않는가!

6.

그리움

_당신이 남겨준 아이를 보냈어요

한번 헤어진 뒤 여러 해라 소식조차 드무나니

변방에서 살았는지 죽었는지 누구 아는 이 있는지요

오늘 아침에야 비로소 겨울옷을 부치오니

울며 송별하고 돌아올 때 제 뱃속에 있던 아이에요

一別年多消息稀　塞垣存歿有誰知

今朝始寄寒衣去　泣送歸時在腹兒

〈정부의 원망(征婦怨)〉

전쟁은 쌍방의 군인들을 모두 무너지게 할 뿐만 아니라, 군인의 가족 및 공동체 구성원 전체를 피폐하게 만든다. 아무리 정의의 전쟁이라고 운운하여도, 전쟁이 악인 것은 분명하다. 이 시의 제목을 보면 '정부원(征婦怨)'이라고 되어 있다. 전쟁과 관련하여 싸우러 가는 사람을 '정부(征夫)'라고 쓰는데, 여기서는 '정부(征婦)'라고 했으니, 이는 군인의 아내를 부르는 말이다. 군인을 주인공으로 삼지 않고 군인의 아내를 중심으로 시상을 전개한 것이 참으로 마음 아프다. 남미에 속하는 어느 나라의 승전탑은 여성의 모습을 하고 있다고 한다. 전쟁이 끝나면 가장 기뻐하고 안도하는 것이 저들의 어머니요 아내요 누이였기 때문이다. 포은의 시가 여성의 목소리를 담고자 한 것은 지극히 타당하다.

시의 사연은 참으로 딱하다. 군인이 되어 나간 남편이 집을 떠난 지 여러 해였다. 사실 '연다(年多)'라고 했으니 정확한 숫자를 확인하긴 어렵다. 그러나 제4구를 보는 순간, 아이가 자라서 심부름으로 변방까지 갈 정도의 시간이 흐른 것임을 뒤늦게나마 알 수 있다. 그런데 생각해 보면, 1년, 2년, 3년 등으로 세다가, 더 시간이 흐르면 날수를 헤아리는 것이 마음 아프고 답답하여 그저 많다는 정도로 표현하고 말지도 모르겠다. 처음에는 전쟁터의 소식도 들려오더니만 끝내 띄엄띄엄 들려오게 되었고, 급기야 전쟁터에서 누가 죽었는지 살았는지 알 수조차 없는 지경에 이르렀다. 막막하다! 그러던 차, 날이 추워진 것을 알았다. 갑자기 얼굴을 스치는 바람이 매서워진 것을 느낀 것이다. 순간 멀리 있는 남편이 생각이 났다. 비록 남편의 생사를 확인할 수는 없지만, 그래도 살아있으리라 생각하며 그를 위해 옷을 지어 보내야겠다는 마음이 들었다. 그런데 오늘 아침은 좀 남다른 점이 있다.

'시(始)'는 '금조(今朝)'를 받아서, '오늘 아침에 비로소'라는 시간적인 선후로 해석된다. 하지만 여기서는 의미상 멀리 감추어준 속뜻이 있다. 바로 제4구의 '재복아(在腹兒)'이다. 올해만 겨울옷을 지어 보내진 않았을 것이다. 매년 지어 보냈건만, 오늘 보내는 옷이 슬픈 것은 바로 남편이 남겨준 아이가 자라서 겨울옷을 갖고 떠나기 때문이다. '읍송(泣送)'이라고 했으니, 남편을 위해 크게 울어주지도 못했었다. '읍(泣)'은 속울음을 오는 글자이다. 눈물만 조용히 흘릴 뿐이다. 시 속에서 원망한다는 말은 한 마디도 하지 않았다. 시제는 분명히 '정부원(征婦怨)'이라고 했었는데! 포은은 재복아가 겨울옷을 갖고 가는 장면을 형상하면서 차마 남편에게 서운한 마음조차 품지 않았던, 아니 못내 밖으로 드러내지 못했던 아내의 서러움과 그리움을 표현했다. 이 작품의 뛰어난 지점이다. 슬픔을 슬프다고 하지 않고, 그림으로 드러내되, 차마 터뜨릴 수 없는, 속 깊은 원망을 감추어 두었던 것이다.

여적(餘滴)

『포은시고』를 들추게 된 연기(緣起)를 남겨야겠다. 부산에는 한국에서 제일 오래된 도서관이 있다. 바로 '시민도서관'이다. 이곳에 『포은시고』의 시를 실감할 수 있는 서재를 마련해 놓았다. 도서관측은 고문서를 많이 보유하고 있는데, 대표적인 고서가 바로 『포은시고』(중간본)이었다. 이들은 포은의 시를 뽑아서 내방객들이 고전을 생생하게 느낄 수 있도록 하려는 프로젝트를 진행했다. 이 글은 이에 약간의 도움을 주는 단계에서 얻어진 부산물이다. 현재 시민도서관을 오면, 위 시들이 책 속의 문자로 머물지 않고, 움직이는 글자로 되살아나면서 포은이 시를 써내려간 마음을 느낄 수 있다. 혹시 누구라도 부산을 오게 되면 이곳에서 포은의 눈물 자욱을 닦아줄 수 있는 여유를 갖기를 기대해 본다.

포은은 시에서 보이듯이, 거시적인 이야기를 과감하게 써내려간 이면에 여린 마음과 따스한 그리움을 읽어내고 그려낼 수 있었던 인간적 마음을 갖고 있었다. 사실 거시가 의미 있으려면, 미시에 대한 깊은 인간적 고뇌와 성숙이 전제되지 않으면 안 된다. 특히 세상이 큰소리로 움직이는 듯하지만, 결국 인간의 아름다운 마음의 결이 없다면 사상누각에 지나지 않으리라. 포은을 정치적 격변기에 성숙시킨 인간적 마음의 결을 찾는 작업을 계속해야겠다는 생각이 든다. 이는 앞서 거론했던 치유적 독법의 연장이기도 하다. 세상을 논하기에 앞서 인간을 들여다보는 독법인 셈이다.

5장

한시(漢詩) 테라피,
우리 곁에

ars

Collectio Humanitatis pro Sanatione VII

『청춘문답』을 위하여

    나는 이 글에서 나와 마음을 같이 해준 청춘들의 노력과 희망을 전하고자 한다. 당연히 고전시학, 혹은 한시를 통한 마음치유에 대해 이론적인 강의를 펼치지 않는다. 아니 그럴 마음도 없다. 아직은 그런 수준이 못 되기 때문이다. 겨우 그간 한시를 강의하면서 가졌던 난제를 해결하고자 '모험'을 감행했던 경험을 소개하고, 그로부터 새로운 걸음을 준비하고자 할 뿐이다. 우리의 주안(主眼)은 과연 한시는 우리에게 의미 있는 것일까? 아니 어떤 의미로 자리 잡을 수 있을까 하는 데 있었다.

    우리 주위에는 이미 시로 마음을 치료하려고 애쓰는 분들이 많이 있다. 우리는 그분들의 실천과 조언에 인문적 자극을 받았음을 부인하지 않는다. 그저 고마운 마음을 전할 뿐이다. 우리는 우리가 공부하는 분야에서 그 자극을 어떻게 유용한 모습으로 만들어낼 수 있을까 하는 것을 우리의 몫으로 생각하고 있다.

이 글은 바로 그 자각의 한 여적(餘滴)일 뿐이다. 우리는 무엇보다 시-테라피에서 옛사람의 한시가 활용된 예는 없었다는 것이 우리에게 빈 공간이 있음을 일깨워주었고, 무모하게⑦ 나아갈 수 있도록 했다.

우리의 노력은 『청춘문답』(현자의 숲, 2014)으로 공간되었다. 이 책은 한시를 통해 청춘들의 상처를 위로하고자 노력했던 첫 시도였다. 과연 한시는 우리의 마음을 위로하고 치유할 수 있을까?

『청춘문답』은 4년여에 걸쳐 40명 청춘들의 경험을 바탕으로 만들어졌다. 대학의 강의는 주로 6개월을 단위로 하는 학기로 나뉘고 취업에 내몰리고 있는 지금 학생들의 처지를 생각한다면, 한시라는 다소 어렵고 당장 돈도 안 되는 분야에 오랫동안 많은 노력이 모아진 셈이다.

이 책을 선물로 받았던 어떤 교수는 새로운 형식의 한시집으로 생각했고, 어떤 교수는 청춘들과 면담하기 위한 참조서로 생각했으며, 어떤 교사는 대학 내 교수와 청춘의 새로운 소통방식으로 이해하기도 했습니다. 더러 청춘들의 레포트를 모아낸 문집에 불과하지 않은가 하는 의심도 받았다.

다소 정체가 모호한 책이지만, 우리는 그 경계의 모호함에서 마음치유의 희망을 찾고자 했다. 그 성공 여부는 확신할 수 없었다. 이 책을 실제 테라피에 적용해 본 적도 없기 때문이다. 다만 언젠가 부산대 도서관에서 마련해준 강연회에서 이 책을 소개한 적이 있었다. 그때 어느 사회과학대 복학생에게서 '한시도 힐링이 되는군요'라는 메일을 받았던 기억이 난다. 그러나 책의 집필에 참여했던 청춘들은 자신들의 아픔이 같은 아픔을 지닌 누군가에 의해서, 그것도 한시를 통해 위로받을 수 있음에 놀라워했다. 이 점은 분명하다.

우리는 서로 위로해 주고 위로받았다. 고민을 선뜻 내놓은 사람도 청춘이었고, 시를 통해 어루만져준 사람도 청춘이었다. 위로는 친구끼리 스스로 찾아갈 때 더욱 도움이 되리라고 생각했기 때문에 취한 집필 전략이었다.

청춘들은 한편으로는 조금 난처해하기도 하고 쑥스러워하기도 했다. 지금껏 자신을 그대로 드러내는 데에 익숙하지 않았던 탓에, 상처를 상기하는 것이 어려웠고, 다른 사람이 자신의 상처를 말하는 걸 듣는 것도 낯설었기 때문이다.

참으로 미안한 말이지만, 우리 청춘들은 참을 수 없을 정도로 존재감이 없었다. 언젠가부터 이들은 자신의 스토리를 잃어버렸기 때문이다. 사실 그들이 지금 말하는 미래들, 꿈들도 오롯이 자신들의 것은 아니다. 타고날 때 지녔던 비상(飛翔)에의 욕망조차 잃어버린 도도새들은 그저 자본이 안겨준 위기에 수동적으로 반응하면서, 이른바 누군가에 의해 안내된 안정된 장소만을 바라보는 데에 익숙해져 있었다. 이렇게 '하고 싶은 일'이 아니라 '할 수밖에 없는 일'을 자신의 것이라고 말하던 이들이 드디어 용기를 내기 시작했다. 자신들의 마음자리에 갈무리했던 상처를 끄집어내고, 그 상처를 직시하며 위로하기 시작한 것이다. 우리 모두는 여기서 희망을 보았다.

2.

한시의 모험, 희망을 찾아서

나는 한시를 강의한다. 한국의 한문학을 전공하지만, 학문의 특성상 동아시아 고전 속에서 한시와 관련된 이 야기를 같이 해주었다. 주로 한자의 뜻과 전고(典故)를 밝 히는 방식으로 강의를 해왔다. 그러나 내용을 보면 옛이 야기가 흥미롭게 전해지는 시간들이었다.

강의를 듣던 청춘들은 낯선 지식과 다소 고급스러운 언술에 매료되어 눈을 반짝였다. 하지만 시간이 흐를수 록 그들의 눈은 초점을 잃어가기 시작했습니다. 흔히 '십 오 분 법칙'으로 알려져 있듯이, 인간의 집중력은 새로운 지적 자극과 감성적 공감이 없으면 금세 추동력을 잃고 야 마는 법이었다.

특히 '우리의 옛시'는 지금의 자신과 동떨어진 것임을 애초부터 각오하고 수강했던 청춘들에게도 견디기 힘든

5장 한문학(漢文學), 우리 곁에

143

내용들이었다. 그래서 처음의 반짝이는 눈을 강의 시간 내내 요구하는 것은 참으로 미안한 일이 아닐 수 없었다.

교재를 바꿔보았다. 강의방식도 수정했다. 그러나 오히려 강의는 산만해지고, 청춘들의 얼굴에는 지루한 빛이 떠돌기 시작했다. 문제가 무엇일까? 혹여 의무로 수강할 수밖에 없는 상황이 그렇게 만든 것일까? 꼭 그것만도 아닌 듯했다. 자원해 수강했던 청춘들의 얼굴에서조차 난처한 기색이 엿보일 때면, 나는 교단에 서 있는 내내 불안해지기 시작했고, 급기야 후회가 밀려오기 시작했다.

에이, 그냥 기존의 방식대로 한시의 주제와 표현들, 전고를 설명하는 것이 낫지 않았을까? 그동안 그런 방식의 강의가 진행되어 온 데에는 나름의 이유가 있었던 것이지!

이런 식의 이유를 들먹이며, 어느덧 관성에 사로잡혀 있던 나를 합리화하기도 했다. 하지만 그 이유를 찾는 데에 그리 오랜 시간이 걸리진 않았다. 그랬다. 바로 자신의 삶과 동이 닿지 않는 비현실성이 문제였다.

그렇지 않아도 한문학은 세상에서 그리 환영받지 않는

학문이었다. 이른바 한문교과가 중고등학교에서 구석으로 내몰리고, 대학에서도 학과가 퇴출되는 즈음에 청춘들이 한문학을 더욱 백안(白眼)으로 바라보는 게 당연할지도 모르겠다.

　게다가 전공하는 학문과 무관한 방향으로 사회 진출을 준비하면서, 한시를 자신의 지적 자산으로 여기길 주저하는 청춘들에게, 나의 강의는 학점을 취득하기 위한 통과의례 같이 여겨졌을 것이라 생각한다. 결국 이 강의는 그 어떤 감흥도 생산하지 못하는 강의였던 것이다.

　나도 지치고 청춘들도 지루해질 즈음, 나는 그들과 같이 모험을 강행하기로 했다. 지금까지 해보지 않았던 일을 시도하기로 한 것이다. 길이 막히면 다시 새로운 길을 찾아 나서는 게 세상사 이치인 셈이다.

　즉, 우리는 한시 속의 키워드를 중심으로 이야기하는 코너를 만들고, 시를 매개로 지은이의 마음과 읽는 이의 마음을 하나로 크로스 하면서 상상하고 공감하는 글쓰기를 시도했다. 이를 '마음읽기' 혹은 '마음 같이하기'라고 부르면서 한시 속 작가 혹은 주인공의 마음과 시를 읽는 이의 마음을 하나로 맞추어보려고 했던 것이다.

사실 시를 이해하는 방법 가운데 아주 기초적인 방식에 불과한 독법을 활용했을 뿐이요, 아주 새로운 것은 아니었다. 그러나 이 과정에서 우리는 읽는 이들의 삶과 한시 속 정감을 일치시키고자 했고, 나아가 청춘들이 갖고 있는 일상 속의 고민과 상처를 드러내고 위로하고자 했다.

기본적인 주해에 마음읽기를 포함하면 하루에 읽을 수 있는 한시는 두세 수를 넘지 않았다. 비록 많은 시를 읽을 수는 없었지만, 이 과정은 한시를 읽는 이들의 삶과 한시 속 정감을 일치시키는 중요한 의식(儀式)이었다. 이를 통해 우리는 서로가 갖고 있는 상처를 치유하고자 했고, '한시 공감(共感)' '한시-테라피(therapy)'라고 이름을 붙였다.

서로의 마음을 열고 시를 고르며 위로의 글쓰기를 한 뒤 다시 피드백하는 과정은 어느 것 하나 쉽지 않았다. 이후 우리는 이를 한데 엮어보기로 했다. 그 결과가 앞서 언급했던 『청춘문답』이다. 그 목적은 간단하다. 무엇보다 나 자신의 삶을 정면으로 응시하기 위해, 그리고 자신이 공부하는 학문을 통해 서로 소통하기 위해, 나아가 그것이 세상의 다른 누군가의 마음도 위로할 수 있으리라는 기대에서였다. 사실 이 작업은 위태로운 일이었다. 그러나 이를 감행한 이유는 오직 하나였다. '희망!' 이것이 이 작업의 유일한 이유였다.

3.

청춘들, 서로 상처를 위로하다

젊은이들의 고민은 크게 네 가지로 나눌 수 있었다. '그 토록 아름다운 이름, 사랑과 연애', '눈물 나는 사람들, 관계와 소통', '방황하는 스무 살, 성찰과 자아', '세상을 향해, 좌절과 성장' 등이 그것이다. 물론 이 네 가지로 저들의 삶을 모두 포괄할 수는 없다.

그러나 그들이 내어준 상처들에 근거해 나누었으니 어느 정도 현실성이 있는 내용이라고 생각한다. 이제 그들이 어떻게 한시로 자신을 위로했는지를 보도록 하자. 아래는 『청춘문답』 안에서 절록했다. '문'과 '답'으로 나누고, 그 사이에 한시를 배치했다. 모두 청춘들이 묻고 답했다.

\<사랑과 연애\>

-문: 장거리연애 중인 우리, 멀어질까 겁이 나요

"우리는 캠퍼스 커플로 그녀와의 만남은 어느덧 5년째가 되어간다. 처음엔 학교 기숙사에서 지냈기에 매일같이 만났지만, 직장을 찾아 멀리 떠난 그녀와 이제 고작해야 한 달에 한두 번밖에 보지 못한다. 그나마 가끔 만날 때도 그녀는 직장 때문에 힘들어하는 모습뿐이었다. 사는 곳도 서로 멀어진데다 학생인 나로서는 그녀의 직장 생활을 전부 이해하기는 힘들었다. 그녀의 투정을 받아주다가도 화가 날 때가 종종 있었고, 그녀 역시 장거리 연애가 힘겨워 보였다. 그러다보니 점차 다투는 날이 늘어가기만 한다. 함께 캠퍼스를 거닐 때만 해도 이런 걱정이 있으리라곤 생각지도 못했는데…. 이대로 서로가 멀어질까 겁이 난다."

-답: 설렘이 있어 행복한 기다림

약속해놓고 오기는 어이 더디신가

뜨락의 매화가 시들어지려는데.

어데선가 들려오는 나무 끝 까치 소리에

헛걸망정 거울 속의 눈썹을 그려요.

有約來何晚　庭梅欲謝時

忽聞枝上鵲　虛畵鏡中眉

〈이옥봉, 기다림(閨情)〉

"사랑하는 이를 자주 보지 못하는 마음, 얼마나 속상할까요. 그 간절한 마음이 너무도 예쁘네요. 사랑에도 유통기한이 있다고들 하지요. 대략 2년이 지나면 남녀 사이에 두근거림이나 설렘이 많이 사라진다고 합니다. 사랑의 유통기한을 넘기고 오랜 기간 연애를 해 온 두 사람이 대단하네요. 두 사람 사이에 많은 추억도, 위기도 있었을 테죠. 그 모든 일을 함께 겪으며 서로에 대한 마음이 견고해졌으리라 생각했는데, 웬 걸. 이번에야 말로 정말 강적이 나타난 셈이군요. …(중략)… 〈기다림(閨情)〉을 보면 기다림의 시간을 달관하며 자신을 더 가꾸고 있는 여인의 모습이 나옵니다. 그 시간이 헛것이 될지언정 말이죠. 기다림을 오히려 즐겁게 여기며 순간의 설렘을 즐기는 재치가 보이지 않나요. 자신을 더 가꾸면서 상대를 만나는 순간을 기다리는 것이지요.

저도 장거리연애를 해본 적이 있습니다. 2주에 한 번 그녀를 만나러 서울행 버스에 오르는 그 순간의 설렘과 즐거움만으로도 2주 정도는 거뜬히 버틸 수 있었습니다.

지금 생각해보면 그때 저를 행복하게 했던 건 만남보다 기다림이 아니었나 싶습니다. 『어린왕자』에 나오는 사막 여우도 말합니다.

'네가 오후 네 시에 온다면 난 세 시부터 행복해지기 시작할거야. 시간이 흐를수록 난 점점 더 행복해지겠지. 네 시에는 흥분해서 안절부절 못할 거야. 그렇게 행복이 얼마나 값진 것인가 알게 되겠지.'"

<관계와 소통>

-문: 아버지! 그 이름만으로 힘이 되는

"불치병을 앓고 계신 아버지를 수발하느라 피 묻은 시트도 빨아보았고, 입원실 보호자에 내 이름도 올려보았다. 집이 싫어서 이런저런 사고도 많이 쳤지만 어느 순간 마음을 고쳐먹었다. 일년에 오십일은 병원 신세를 져야 하고 하루에 스무 알도 넘는 약을 드셔야 겨우 생활이 가능하지만 아버지가 살아계심에 감사하다. 어려운 환경에서도 지금껏 나를 키워주신 아버지께 고마운 마음을 전하고 싶다. 점점 쇠약해져 혼자 서기도 버거운 아버지를 보면 그저 눈물이 앞을 가린다."

-답: 자식은 아픈 부모의 의사다

빗소리에 하루 다 가도록 사립문 닫았거니와

물이 갉아 섬돌 뜨락의 풀은 뿌리마저 드러냈네.

정원의 역사를 요사이 얼마나 정리했던가

앵두는 아들 맺고 대나무는 손주를 낳았네.

雨聲終日掩柴門　水齧階庭草露根

園史近來修幾許　櫻桃結子竹生孫

〈남병철, 여름날 우연히 읊다(夏日偶吟)〉

"부모님이라는 존재는 인생에서 자신이 결정할 수 없는 것 중 한가지입니다. 나를 세상에 태어나게 해준 분이라는 생물학적인 의미 외에도 언제든 조건 없이 나의 최전방 지원군이 되어준다는 것에서 의미가 큽니다. 그러나 우리는 부모님의 존재를 당연히 여기고 보살핌 받는 것을 당연히 여기죠. …(중략)…〈여름날 우연히 읊다(夏日偶吟)〉는 직접적으로 효도하라고 말하지 않습니다. 오랫동안 내려온 집 안의 섬돌은 세월에 이리저리 깎여나갔고, 바쁜 일상에 쫓기다 문득 바라본 집 앞 꽃과 대나무는 어느덧 세대가 바뀌어 있습니다. 항상 그 자리에 있을 것 같던 것도 변하고 사라져 갑니다.

백년도 살지 못하는 우리들도 마찬가지겠지요. 자식

들에게는 아낌없이 주는 나무인 부모님도 언젠가는 왔던 곳으로 되돌아가실 것입니다. 점점 쇠약해지는 부모님의 모습에 가슴 아픈 당신처럼, 아버지도 자신을 병간호하는 아들을 보는 게 못내 마음 아프실 겁니다. 다른 부모처럼 먹을 것, 입을 것 하나 더 못해주는 미안함에, 자식의 소중한 시간을 뺏는 것 같은 죄책감에 당신보다 큰 아픔을 느끼고 계실 거예요. 환한 웃음과 함께 조금 더 따뜻하게 말을 건네보세요. 아버지가 살아계셔서 든든하고 감사하다고.

자식으로서 잘 지내는 모습, 성공하는 모습 보여드리겠다는 당찬 각오를 보여드리세요. 눈을 마주하고 손을 잡아드리고 진솔한 대화를 나누며 서로 의지할 수 있고 힘이 될 수 있는 부모 자식 사이가 되길 바랍니다."

<성찰과 자아>

-문: 점점 작아져가는 내 꿈을 보면서

"어릴 적엔 내가 무엇이 된다는 꿈만 꾸어도 행복했다. 그것만으로도 세상 모든 것을 다 이룬 것 같았다. 그런데 언젠가부터 꿈은 꿈일 뿐 현실이 될 수 없다는 생각이 든다. 뭔가를 꿈꾸는 것이 허망하다. 아직 청춘인데, 이제 겨우 이십년을 살았는데, 이런 생각이 들다니! 슬프다."

-답: 희망의 항아리에 사람을 채우세요

산사의 스님이 달빛을 탐내어

물과 함께 물독 안에 길었다네.

절에 이르면 그제야 깨치리니

독을 기울이면 달도 또한 비워지리.

山僧貪月色　并汲一瓶中

到寺方應覺　瓶傾月亦空

〈이규보, 물을 비우면 달도 비워지리(井中月)〉

"무궁무진한 꿈을 꾸던 어린 시절 이후로 한 살 한 살 나이를 먹으면서 현실에 부닥칩니다. 시간의 장벽에서부터 경제적 이유, 재능의 한계까지 수많은 장애물은 꿈을 포기하게 만들었고, 나를 점점 움츠러들게 했습니다.…(중략)…하지만 곰곰이 생각해 보세요. 외부적인 이유 때문이 아니라 두려움에 포기해버린 것은 아닌지. 지금 내가 꿈이라 부르고 생각해왔던 것들이 내 안에서 단단하게 맺어지긴 했던 건지. 혹시 꿈이라는 말에 담긴 막연한 가능성만 바라보는 건 아닐는지요. 막연히 장밋빛 미래만 원했던 건 아닐까요.

내가 가진 꿈이 얼마만큼 간절한지, 진정 내가 원하는 것인지 자문해봐야 합니다. 지금 나는 그 꿈을 실현시키기 위해 노력할 자세가 되어있는지, 또 어떻게 노력할 건지도 구체적으로 고민해야 할 때입니다.…(중략)…빈 항아리에는 아무리 달빛을 담으려 해도 담지 못합니다. 항아리 속에 물을 가득 채워야 그 속에 달을 띄울 수 있습니다. 항아리는 자신이고, 달은 꿈이라고 한다면 물은 나의 꿈을 지지해주고 함께 공유할 사람들이라 할 수 있습니다. 여럿이 함께 꿈을 나누는 것은 생각보다 중요합니다.…(중략)… 서로 공감하고 지원해주면서 내 꿈에 자신감이 붙게 되는 것이죠. 내가 꾸던 꿈이 헛된 것이 아니라는 것을 실감하게 됩니다.…(중략)…달빛은 손으로 잡을 수 없기에 더욱 아름답고 간직하고 싶어지듯이 꿈도 쉽게 이룰 수 없는 것이기에 더 아름답고 간절해지는 것입니다.

내 안의 물이 찰랑찰랑 달빛을 담기 좋은가요? 아무리 퍼내도 없어지지 않을 나만의 샘물에 달빛 같은 꿈을 띄워보기 바랍니다."

<좌절과 성장>

-문: 대학을 졸업하고도 취직 못한 선배나 동학을 보았을 때

"군대를 갔다 온 지 2년이 지났다. 벌써 4학년이고 곧 졸업이다. 함께 입학했던 여학우들도, 졸업한 선배도 아직 취직 준비를 하고 있다. 그들의 얼굴이 어둡다. 나도 곧 저렇게 될 것 같아 불안하다. 졸업하고 바로 취업할 수 있을지 두렵다."

-답: 나무가 기다려 악기가 되듯이

오동꽃 가지 하나 느즈막이 떨기로 피었길래

꺾어다 화병에 꽂으니 또 다른 향기를 품었어라.

몇 번이나 봄바람에 꽃을 피우고 떨어진 뒤에야

금슬로 화신해 밤이면 마루를 울릴거나.

桐花一朶殿群芳　折揷金壺別有香

幾度春風開落後　化身琴瑟夜鳴堂

〈이춘원, 오동꽃(桐花)〉

"저도 어느덧 4학년이 되어 학생 신분의 끝자락에 있습니다. 그동안 지긋지긋하기도 했고 벗어나고도 싶었던 16년간의 학생이라는 신분이 막바지에 다다랐다고 생각하니 정말 눈물이 핑 돌 지경입니다. 오랫동안 기다려 왔던 순간이지만 사회생활은 도무지 반갑지가 않습니다. …(중략)… 이제 저도 취업을 해야겠지요. 주변에는 4학년 1학기 때 벌써 취직이 되는 사람들도 있고 졸업을 한 후에도 몇 년 째 직장을 구하지 못하는 사람들도 있습니다. 저는 당연히 취직할 것이라는 믿음이 있지만, 한편으로는 혹시나 하는 걱정도 조금은 깔려 있습니다. 누구나 그러하겠지요. …(중략)…오동나무를 보면 꽃이 피지 않을 것 같이 생겼습니다. 하지만 일정한 시기가 지나면 오동나무에는 꽃이 피어 향기를 남기게 됩니다. 봄바람에 꽃이 피고 지기를 거듭하면서 오동나무는 거문고를 만들기에 적합한 재목이 되는 것이지요. 우직한 오동나무가 거문고를 만드는 데 역할을 다하게 되듯이 사람에게도 저마다 자기만의 사명이 있습니다. 때가 되어 몇 차례 꽃이 피고 진 후 비로소 오동나무가 거문고의 재목으로 쓰이게 되듯이 우리에게도 그러한 때가 올 것입니다. …(중략)… 누가 나를 써주기를 마냥 기다리라는 말이 아닙니다. 모든 것에는 저마다 때가 있고 역할이 있다는 것입니다. 자신의 쓰임을 파악하고 최선을 다해 인고의 시간을 견뎌 낸다면 오동나무가 멋진 거문고로 다시 태어난 것과 같이 분명 좋은 결과가 있으리라 생각합니다.

　중요한 것은 굳건히 자신을 지켜내는 것입니다. 주변 사람들에게 휘둘리지 않고 내가 서 있는 그 자리에서 비바람을 이겨내야 합니다. 자신을 훌륭한 재목으로 가꾸어보세요. 나의 노력을 알아봐주는 누군가 분명 나타날 것입니다. 평범한 오동나무 한 그루가 아름다운 음률을 빚어내는 악기가 되는 것처럼, 우리도 취직을 비롯한 여러 고난을 이겨내 나만의 소리를 낼 수 있는 악기가 되었으면 합니다."

4.

한시, 오늘날 청춘에
새롭게 다가가다

    청춘들이 문답하면서 쓰인 한시가 원작자의 의도에 맞게 읽혔는지 확인하지는 않으려고 한다. 사실 어떤 시는 그렇다고 할 수 있고, 어떤 시는 전혀 다르게 읽었다고도 할 수 있다. 시를 지은 사람의 의도와 창작했을 상황에 비추어 분석하고 의미를 따지는 것은 분명 한시를 읽는 데에 있어서 기본이라고 할 수 있다. 그런 점에서, 이 '모험'은 위태롭다. 수백 년의 간극이 있는 옛 한시의 창작 순간과 21세기 한국의 청춘들이 놓인 상황을 같이 견주는 것은 더욱 위험하기 짝이 없다. 문명을 기록하는 도구가 달라진 것은 말할 것도 없거니와 사람의 감성 역시 시간의 간극만큼이나 어긋나 있기 때문이다.

    그럼에도 나는 한가지는 확신하고 있다. 감정은 보편적이라는 것이다. 그래서 그들 사이에 감정이 흐를 수 있다면 대단히 성공적인 독해라고 생각한다. 더욱이 그 시

5장 한시(漢詩), 우리 곁에

159

읽기가 지금 우리가 만난 고난과 상처를 위로해줄 수 있다면, 참으로 다행스러운 일이 아닐 수 없을 것이다.

사실 시는 대단히 매력적인 문학 장르이다. 보이지 않는 감정을 어렴풋하게 보여주고 나머지는 독자의 상상으로 채우라고 강요한다. 그래서 정치적이기도 하고 신비롭기도 하며 모호하기 짝이 없다. 그런 불확실함이 못내 아쉽기도 하지만, 따지고 보면 세상사 무엇 하나, 사람 마음 어느 것인들 분명하고 확실한 것이 있었던가? 항용 시를 어렵다고 말하는 것도 이런 불확실성이 주는 모호함을 불편해하기 때문이리라.

그래서 역설적으로 시는 인간적이다. 인간의 마음을 이보다 더 정직하게 표현하는 방법은 없기 때문이다. 특히 한시는 글자 하나하나가 함축적일 뿐 아니라, 그 글자들이 놓이는 배열과 조직에 따라 다양한 상상을 자극하기에 더욱 인간적이라고 생각한다.

우리 청춘들은 힘겹지만 거기에 도전했다. 친구들의 고민을 경청하고, 이를 위로해 줄 한시를 고른 뒤 다정하면서도 냉정하게 진심 어린 충정으로 위로하고자 했다. 물론 위로는 궁극적인 대안은 아니다. 허나 위로받아 가라앉은 마음이 전진할 여유를 회복해 행복을 찾아낼 수 있다면, 이는 신의 한 수가 될 수 있다. 이들은 이 가능성을 놓치지 않았다. 그래서 이들의 글을 읽어보면 처음에는 밋밋하다가도 행간에 놓인 아름다운 우정을 볼 수 있다. 혈연도 지연도 학연도 넘어선 아름다운 정신인 우정, 이 마음이 꽃피우는 세상을 확인할 수 있다. 과연 얼마나 목표에 도달했는지 확언할 수 없다. 그러나 분명한 것은 이제 희망이 쏘아졌다는 점이다.

그닥 기껍지 않았던 강의 시간, 그 속에서 어떤 울림도 주지 않은 채 흘려들었던 한시가 나의 삶을, 게다가 나의 마음을, 나아가 다른 사람의 삶과 마음도 위로하고 치유할 수 있다니! 뜻밖의 가능성을 만난 나는 기쁠 뿐이다. 그리고 걱정도 든다. 한시로 자신의 마음을 달랬던 청춘들은 얼마나 성장했을까? 아니 더 나은 인간적 성숙을 이뤘을까?

사실 정신적 성숙은 순간에 이뤄지지 않는다. 시 한 수로 인격적 성장을 보장할 수도 없다. 그러나 삶의 모멘텀이 될 수는 있다. 하많은 인생의 방향을 조절하는 것은 찰나의 선택과 감정에 달려있기 때문이다. 앞으로 한동안은 같이 공부하고 서로 위로했던 이들을 마음에 두고 지켜봐야 할 듯하다. 그들이 수없는 변곡과 질주를 통해 아름다운 무늬를 이루리라 기대해 본다. 어쩌면 우리가 같이 공부한 한시로 마음을 위로하고 치유하려는 궁극적 이유도 바로 여기에 있지 않을까 생각해 본다. 그에 기반하여 우리는 인간적 관계를 성실하고 지속적으로 유지하며, 나아가 정직한 신뢰에 바탕하여 상대가 희망을 찾아가는 아름다운 여정에 동반할 수 있을 것이다.

Collectio Humanitatis pro Sanatione IX

고전치유학을 위하여

초 판 1쇄 2024년 09월 25일

지은이 김승룡
펴낸이 류종렬

펴낸곳 미다스북스
본부장 임종익
편집장 이다경, 김가영
디자인 윤가희, 임인영
책임진행 이예나, 김요섭, 안채원
표지 일러스트 이나나 〈명상〉
저자 일러스트 신노을
책임편집 류재민, 이지수, 김남희, 배규리, 최금자

등록 2001년 3월 21일 제2001-000040호
주소 서울시 마포구 양화로 133 서교타워 711호
전화 02) 322-7802~3
팩스 02) 6007-1845
블로그 http://blog.naver.com/midasbooks
전자주소 midasbooks@hanmail.net
페이스북 https://www.facebook.com/midasbooks425
인스타그램 https://www.instagram.com/midasbooks

© 치유인문컬렉션 기획위원회, 미다스북스 2024, *Printed in Korea*.

ISBN 979-11-6910-809-6 03100

값 17,000원

미다스북스는 다음세대에게 필요한 지혜와 교양을 생각합니다.